U0946758

比丘尼传

中国佛学经典宝藏

96

詹绪左 朱良志 释译

星云大师总监修

人民东方出版传媒
東方出版社

图书在版编目（CIP）数据

比丘尼传／詹绪左，朱良志 释译．—北京：东方出版社，2018.10
（中国佛学经典宝藏）
ISBN 978-7-5060-8658-5

Ⅰ．①比… Ⅱ．①詹… ②朱… Ⅲ．①尼姑—列传—中国—古代 Ⅳ．① B949.92

中国版本图书馆 CIP 数据核字（2015）第 267913 号

比丘尼传
（BIQIUNI ZHUAN）

释 译 者：詹绪左 朱良志
责任编辑：王梦楠
出　　版：东方出版社
发　　行：人民东方出版传媒有限公司
地　　址：北京市东城区东四十条 113 号
邮　　编：100007
印　　刷：北京京都六环印刷厂
版　　次：2018 年 10 月第 1 版
印　　次：2018 年 10 月第 1 次印刷
开　　本：880 毫米 ×1230 毫米 1/32
印　　张：10.25
字　　数：182 千字
书　　号：ISBN 978-7-5060-8658-5
定　　价：55.00 元
发行电话：（010）85924663　85924644　85924641

《中国佛学经典宝藏》
大陆简体字版编审委员会

总序

星云

自读首楞严，从此不尝人间糟糠味；

认识华严经，方知已是佛法富贵人。

诚然，佛教三藏十二部经有如暗夜之灯炬、苦海之宝筏，为人生带来光明与幸福，古德这首诗偈可说一语道尽行者阅藏慕道、顶戴感恩的心情！可惜佛教经典因为卷帙浩瀚、古文艰涩，常使忙碌的现代人有义理远隔、望而生畏之憾，因此多少年来，我一直想编纂一套白话佛典，以使法雨均沾，普利十方。

一九九一年，这个心愿总算有了眉目。是年，佛光山在中国大陆广州市召开“白话佛经编纂会议”，将该套丛书定名为《中国佛教经典宝藏》①。后来几经集思广

① 编者注：《中国佛教经典宝藏》丛书，大陆出版时改为《中国佛学经典宝藏》丛书。

益，大家决定其所呈现的风格应该具备下列四项要点：

一、启发思想：全套《中国佛教经典宝藏》共计百余册，依大乘、小乘、禅、净、密等性质编号排序，所选经典均具三点特色：

1. 历史意义的深远性

2. 中国文化的影响性

3. 人间佛教的理念性

二、通顺易懂：每册书均设有原典、注释、译文等单元，其中文句铺排力求流畅通顺，遣词用字力求深入浅出，期使读者能一目了然，契入妙谛。

三、文简意赅：以专章解析每部经的全貌，并且搜罗重要的章句，介绍该经的精神所在，俾使读者对每部经义都能透彻了解，并且免于以偏概全之谬误。

四、雅俗共赏：《中国佛教经典宝藏》虽是白话佛典，但亦兼具通俗文艺与学术价值，以达到雅俗共赏、三根普被的效果，所以每册书均以题解、源流、解说等章节，阐述经文的时代背景、影响价值及在佛教历史和思想演变上的地位角色。

兹值佛光山开山三十周年，诸方贤圣齐来庆祝，历经五载、集二百余人心血结晶的百余册《中国佛教经典宝藏》也于此时隆重推出，可谓意义非凡，论其成就，则有四点可与大家共同分享：

原版序

敲门处处有人应

慈惠

《中国佛教经典宝藏》是佛光山继《佛光大藏经》之后，推展人间佛教的百册丛书，以将传统《大藏经》精华化、白话化、现代化为宗旨，力求佛经宝藏再现今世，以通俗亲切的面貌，温渥现代人的心灵。

佛光山开山三十年以来，家师星云上人致力推展人间佛教，不遗余力，各种文化、教育事业蓬勃创办，全世界弘法度化之道场应机兴建，蔚为中国现代佛教之新气象。这一套白话精华大藏经，亦是大师弘教传法的深心悲愿之一。从开始构想、擘划到广州会议落实，无不出自大师高瞻远瞩之眼光，从逐年组稿到编辑出版，幸赖大师无限关注支持，乃有这一套现代白话之大藏经问世。

这是一套多层次、多角度、全方位反映传统佛教文化的丛书，取其精华，舍其艰涩，希望既能将《大藏经》

深睿的奥义妙法再现今世，也能为现代人提供学佛求法的方便舟筏。我们祈望《中国佛教经典宝藏》具有四种功用：

一、是传统佛典的精华书

中国佛教典籍汗牛充栋，一套《大藏经》就有九千余卷，穷年皓首都研读不完，无从赈济现代人的枯槁心灵。《宝藏》希望是一滴浓缩的法水，既不失《大藏经》的法味，又能有稍浸即润的方便，所以选择了取精用弘的摘引方式，以舍弃庞杂的枝节。由于执笔学者各有不同的取舍角度，其间难免有所缺失，谨请十方仁者鉴谅。

二、是深入浅出的工具书

现代人离古愈远，愈缺乏解读古籍的能力，往往视《大藏经》为艰涩难懂之天书，明知其中有汪洋浩瀚之生命智慧，亦只能望洋兴叹，欲渡无舟。《宝藏》希望是一艘现代化的舟筏，以通俗浅显的白话文字，提供读者遨游佛法义海的工具。应邀执笔的学者虽然多具佛学素养，但大陆对白话写作之领会角度不同，表达方式与台湾有相当差距，造成编写过程中对深厚佛学素养与流畅白话语言不易兼顾的困扰，两全为难。

三、是学佛入门的指引书

佛教经典有八万四千法门，门门可以深入，门门是无限宽广的证悟途径，可惜缺乏大众化的入门导览，不易寻觅捷径。《宝藏》希望是一支指引方向的路标，协助十方大众深入经藏，从先贤的智慧中汲取养分，成就无上的人生福泽。

四、是解深入密的参考书

佛陀遗教不仅是亚洲人民的精神归依，也是世界众生的心灵宝藏。可惜经文古奥，缺乏现代化传播，一旦庞大经藏沦为学术研究之训诂工具，佛教如何能扎根于民间？如何普济僧俗两众？我们希望《宝藏》是百粒芥子，稍稍显现一些须弥山的法相，使读者由浅入深，略窥三昧法要。各书对经藏之解读诠释角度或有不足，我们开拓白话经藏的心意却是虔诚的，若能引领读者进一步深研三藏教理，则是我们的衷心微愿。

大陆版序一

《中国佛教经典宝藏》是一套对主要佛教经典进行精选、注译、经义阐释、源流梳理、学术价值分析，并把它们翻译成现代白话文的大型佛学丛书，成书于二十世纪九十年代，由台湾佛光文化事业有限公司出版，星云大师担任总监修，由大陆的杜继文、方立天以及台湾的星云大师、圣严法师等两岸百余位知名学者、法师共同编撰完成。十几年来，这套丛书在两岸的学术界和佛教界产生了巨大的影响，对研究、弘扬作为中国传统文化重要组成部分的佛教文化，推动两岸的文化学术交流发挥了十分重要的作用。

《中国佛学经典宝藏》则是《中国佛教经典宝藏》的简体字修订版。之所以要出版这套丛书，主要基于以下的考虑：

首先，佛教有三藏十二部经、八万四千法门，典籍浩瀚，博大精深，即便是专业研究者，穷其一生之精力，恐也难阅尽所有经典，因此之故，有“精选”之举。

其次，佛教源于印度，汉传佛教的经论多译自梵语；加之，代有译人，版本众多，或随音，或意译，同一经文，往往表述各异。究竟哪一种版本更契合读者根机？哪一个注疏对读者理解经论大意更有助益？编撰者除了标明所依据版本外，对各部经论之版本和注疏源流也进行了系统的梳理。

再次，佛典名相繁复，义理艰深，即便识得其文其字，文字背后的义理，诚非一望便知。为此，注译者特地对诸多冷僻文字和艰涩名相，进行了力所能及的注解和阐析，并把所选经文全部翻译成现代汉语。希望这些注译，能成为修习者得月之手指、渡河之舟楫。

最后，研习经论，旨在借教悟宗、识义得意。为了将其思想义理和现当代价值揭示出来，编撰者对各部经论的篇章品目、思想脉络、义理蕴涵、学术价值等所做的发掘和剖析，真可谓殚精竭虑、苦心孤诣！当然，佛理幽深，欲入其堂奥、得其真义，诚非易事！我们不敢奢求对于各部经论的解读都能鞭辟入里，字字珠玑，但希望能对读者的理解经义有所启迪！

习近平主席最近指出：“佛教产生于古代印度，但传入中国后，经过长期演化，佛教同中国儒家文化和道家文化融合发展，最终形成了具有中国特色的佛教文化，给中国人的宗教信仰、哲学观念、文学艺术、礼仪习俗等留下了深刻影响。”如何去研究、传承和弘扬优秀佛教文化，是摆在我们面前的一个重要课题，人民东方出版传媒有限公司拟对繁体字版的《中国佛教经典宝藏》进行修订，并出版简体字版的《中国佛学经典宝藏》，随喜赞叹，寥寄数语，以叙因缘，是为序。

二〇一六年春于南京大学

大陆版序二

依空

身材高大、肤色白皙、擅长军事的亚利安人，在公元前四千五百多年从中亚攻入西北印度，把当地土著征服之后，为了彻底统治这里的人民，建立了牢不可破的种姓制度，创造了无数的神祇，主要有创造神梵天、破坏神湿婆、保护神毗婆奴。人们的祸福由梵天决定，为了取悦梵天大神，需要透过婆罗门来沟通，因为他们是从梵天的口舌之中生出，懂得梵天的语言——繁复深奥的梵文，婆罗门阶级是宗教祭祀师，负责教育，更掌控了神与人之间往来的话语权。四种姓中最重要的是刹帝利，举凡国家的政治、经济、军事、文化等等都由他们实际操作，属贵族阶级，由梵天的胸部生出。吠舍则是士农工商的平民百姓，由梵天的膝盖以上生出。首陀罗则是被踩在梵天脚下的土著。前三者可以轮回，纵然几世轮转都无法脱离原来种姓，称为再生族；首陀罗则连轮回的因缘都没有，为不生族，生生世世为首陀罗，子孙也倒霉跟着宿命，无法改变身份。相对于此，贱民比首陀罗更为卑微、低贱，连四种姓都无法跻身其中，只能从事挑粪、焚化尸体等最卑贱、龌龊的工作。

出身于高贵种姓释迦族的悉达多太子，为了打破种姓制度的桎梏，舍弃既有的优越族姓，主张一切众生皆平等，成正等觉，创立了佛教僧团。为了贯彻佛教的平等思想，佛陀不仅先度首陀罗身份的优婆离出家，后度释迦族的七王子，先入山门为师兄，树立僧团伦理制度。佛陀更严禁弟子们用贵族的语言——梵文宣讲佛法，而以人民容易理解的地方口语来演说法义，这就是巴利文经典的滥觞。佛陀认为真理不应该是属于少数贵族、知识分子的专利或装饰，而应该更贴近普罗大众，属于平民百姓共有共知。原来佛陀早就在推动佛法的普遍化、大众化、白话化的伟大工作。

佛教从西汉哀帝末年传入中国，历经东汉、魏晋南北朝、隋唐的漫长艰巨的译经过程，加上历代各宗派祖师的著作，积累了庞博浩瀚的汉传佛教典籍。这些经论义理深奥隐晦，加以书写的语言文字为千年以前的古汉文，增加现代人阅读的困难，只能望着汗牛充栋的三藏十二部扼腕慨叹，裹足不前。

如何让大众轻松深入佛法大海，直探佛陀本怀？佛光山开山宗长星云大师乃发起编纂《中国佛教经典宝藏》。一九九一年，先在大陆广州召开“白话佛经编纂会议”，订定一百本的经论种类、编写体例、字数等事项，礼聘中国社科院的王志远教授、南京大学的赖永海教授分别为中国大陆北方与南方的总联络人，邀请大陆各大学的佛教学者撰文，后来增加台湾部分的三十二本，是为一百三十二册的《中国佛教经典宝藏精选白话版》，于一九九七年，作为佛光山开山三十周年的献礼，隆重出版。

六七年间我个人参与最初的筹划，多次奔波往来于大陆与台湾，小心谨慎带回作者原稿，印刷出版、营销推广。看到它成为佛教徒家中的传家宝藏，有心了解佛学的莘莘学子的入门指南书，为星云大师监修此部宝藏的愿心深感赞叹，既上契佛陀“佛法不舍一众”的慈悲本怀，更下启人间佛教“普世益人”的平等精神。尤其可喜者，欣闻现大陆出版方东方出版社潘少平总裁、彭明哲副总编亲自担纲筹划，组织资深编辑精校精勘；更有旅美企业家鲁彼德先生事业有成之际，秉“十方来，十方去，共成十方事”之襟怀，促成简体字版《中国佛学经典宝藏》的刊行。今付梓在即，是为序，以表随喜祝贺之忱！

二〇一六年元月

目　录

题解

《比丘尼传》，梁释宝唱撰，四卷。它是中国历史上最早的一部比丘尼传记，是一部具有重要价值的佛教专门史著作。

撰者释宝唱，俗姓岑，吴郡（今江苏苏州）人。少家资不宽，勤田为业。然其秉性敏慧，文思颖脱，旁搜他求所见之书，日夜不辍，从容诵读。年十八，依当时名僧释僧祐，受戒出家，住庄严寺，出入三藏，博采群言，并开庭讲经，启悟士俗。又从处士顾道旷、吕僧智学习《庄》、《易》、经、史，因而识见宏通，学业渊雅，为日后大规模著述奠定基础。齐末因战乱，曾避居闽越一带，天监四年（公元五〇五年）还金陵，梁武帝擢为新安寺寺主。受命编集《众经拥护国土诸龙王名录》《众经护国鬼神名录》，以备举办禳灾建福之法会时查用。武帝特重此书，亲览其辞，谓为灵验。

《续高僧传·宝唱传》称：“所以五十许年，江表无事，兆民荷赖，缘斯力也。”可见所撰之重要。

天监七年（公元五〇八年），武帝敕令庄严寺僧旻撰《众经要钞》八十八卷，开善寺智藏撰《义府》八十卷，建元寺僧朗注《大涅槃经》七十二卷，宝唱“兼赞其功，纶综终始，缉成部帙”（《续高僧传》），亦足窥武帝对他的推崇。另据史料记载，华林园佛殿乃武帝藏经之所，曾命僧绍撰《华林佛殿经目》，书成之后，武帝意犹未惬，又敕命宝唱重撰。撰成后，武帝览之大悦，遂敕职掌华林园宝云经藏。宝唱撰述甚丰，除上述诸作外，尚有：

《续法轮论》七十余卷

《法集》一百四十卷

《经律异相》五十五卷

《饭圣僧法》五卷

《名僧传》三十一卷（以上据《续高僧传》载录）

《众经诸佛名》二卷

《众经忏悔灭罪方法》三卷

《众经护国鬼神名录》三卷

《众经拥护国土诸龙王名录》三卷

《众经目录》四卷（以上据《历代三宝记》，是书载

宝唱撰集八部，一〇七卷）

《出要律仪》二十卷（据《大唐内典录》增入）

《比丘尼传》四卷（据《开元释教录》增入）

宝唱撰集凡十余部，三百余卷。此外据《高僧传》卷三《求那毗地传》载，宝唱还帮助扶南（今柬埔寨）僧人僧伽婆罗译出《大阿育王经》《解脱道论》等。不过，他的贡献主要还不在译经，而在于对佛典的部别区分及对佛史资料的搜集整理。前者如《众经目录》和《经律异相》，后者如《名僧传》和《比丘尼传》。

两晋以还，佛法隆盛，寺庙蜂起，僧尼云集，迨及萧梁，此风更炽，梁武帝不仅崇佛佞佛，更以佛学为治国安邦之策。佛门昌隆如斯，也定然会对佛教现实发展中的史实资料的搜集整理提出相应的要求，作为一个关心佛教、宣弘大法的佛门名僧，宝唱深感责无旁贷。其《名僧传》序云："外典鸿文，布在方册，九品六艺，尺寸罔遗。而沙门净行，独亡纪述，玄宗敏德，名绝于古，拥叹长怀，靡兹永岁。"（据《续高僧传·宝唱传》引）因而撰《名僧传》以述名僧之行迹，旁及西域中土之僧人，时间肇自中土佛教初兴之时，网罗搜集，振史传以方厥，起绝代于秘闻，撰文三十一卷，记名僧四百二十六人，成书于天监十三年（公元五一四年）。

自此之后，宝唱又感僧事有录，尼行难寻，遂萌撰述尼传之意，并于天监末、普通初年（公元五二〇年左右）成《比丘尼传》四卷。《比丘尼传》序称：“夫年代推移，清规稍远，英风将范于千载，志事未集乎方册，每怀慨叹，其岁久矣。”可见，撰《比丘尼传》与撰《名僧传》出于同样的用心：搜罗史籍，嘉惠佛林。两书一僧一尼，比勘而行，可知撰者渊深之为文用心也。

为僧徒立传，前人虽无专书，但经籍中多有涉及；为比丘尼立传，则可谓开天辟地第一遭，这是一大创举。且后世佛苑，此音绝响，故而此传乃中国佛教史上寡二少双之作，显得弥足珍贵。

《名僧传》因于唐末入内典收藏，故唐后逸失。然今从日本镰仓时僧人宗性之《名僧传抄》中，亦可见其规模。全书区宇宏大，网罗称齐，共分十八科，载四百二十六人传记，凡三十余卷（《大唐内典录》作三十一卷，《隋书·经籍志》作三十卷）。

而《比丘尼传》凝篇较小，它不以搜罗宏富为标的，入传尼僧经过严格的遴选，邈邈数百年，煌煌千余寺，尼僧纷纭，何可万计！而此尼传只录六十五人。故其搜括刊芟，颇有法度可循。

一、从入选比丘尼情况来看，入选之人大都为名尼，她们对当时尼僧文化有重要影响，同时在社会政治、文化中起重要的作用。如晋简静寺的妙音尼、宋普贤寺的法净尼。

二、所选之尼有不少在中土比丘尼发展史上具有一定的价值，如晋竹林寺的净检尼，为中国比丘尼之开山人物；晋洛阳城东寺道馨尼，乃中国尼僧最早讲经之人。

三、记载“贞心亢志，奇操异节”的人，以德操作为甄选标准，这一点所占比例也最大。

《比丘尼传》序中云：

“像法东流，净检为首，绵载数百，硕德系兴。善妙、净珪，穷苦行之节；法辩、僧果，尽禅观之妙；至若僧端、僧基之立志贞固；妙相、法全之弘震旷远，若此之流，往往间出。并渊深岳峙，金声玉震，实惟菽叶之贞干，季绪之四依也。”

在具体行文中，确也贯彻了这一原则。作者对尼僧生平琐事所记甚少，而对其德操的一二事例则详加描述。她们或宽容为怀、弃物如尘（如惠湛尼遇劫而舍衣），或舍身佛法、视死如归（如善妙尼、昙简尼燃火自焚），或陶心大法、凝念如痴（如僧果尼悄然入定而形若枯木），如此等等，皆所谓风烈英徽，为百代之雅范也。

在选材上，还有一点值得一提。由于材料的限制，此书详今而略古。两晋一百余年，可入选者仅十三人；宋、齐至梁天监，历时不足百年，却入选五十二人。同时，由于受当时政治、地域的影响，此书又详南而略北。据《辩正论》载，东魏、西魏时有僧尼两百多万，北魏时人数更是有增无减。

《续高僧传》卷八载，至北齐时，全国有僧尼两百多万。僧尼总数以百万计，比丘尼数自不在少。可是对于如此情况，《比丘尼传》几乎未有涉及，北朝尼僧的活动也不得而见，这不能不说是一个缺憾。

宝唱在自序中谈到撰述此书的方法时说：

“始乃博采碑、颂，广搜记、集，或讯之传闻，或访之故老，诠序始终，为之立传。……不尚繁华，务存要实。”

宝唱此言大抵不诬。唐道宣曾言宝唱作《名僧传》有“文胜其质”之弊端，而在此《比丘尼传》中则鲜有此虞。其行文芊蔚清雅，叙事精粹简明，唯以存实为重，一切可有可无之论尽皆删削。它既不像慧皎《高僧传》那样讲究铺排，也不似宝唱自己在《名僧传》中那样注重辞藻。

正如撰者所言，他在搜罗爬梳材料中的态度是严肃的。尼僧情况，前贤之文多所不载，经传中亦多付阙如，可谓一无依傍，因而作者只能跨越佛门，涉略经史，广采记、集、碑、颂、史、志。这一点在尼传中皎然可辨。

如宋景福寺慧果尼，传称：“宋青州刺史北地傅弘仁，雅相叹赏，厚加赈给，以永初三年，割宅东面为立精舍。”撰者在“永初三年”下自注云：“昙宗云：‘元嘉七年，寺主弘安尼以起寺，愿借券书见示永初三年。’”昙宗此语出自《京师塔寺记》。传下加注，以求密合，作者态度之谨严正灼然可观。

宋吴太玄台寺玄藻尼传中称其为“吴郡人，安荀女也”，下自注云：“《宣验记》云：‘是即安荀也。’”这里则采取不同说法录而备考的态度。《宣验记》，宋刘义庆撰，为杂记小说，可见宝唱撰此书时，收录材料已涉入杂记逸闻之中，其搜罗之勤之广当亦不难见出。

撰者在《尼传》序中称自己除搜录文字资料外，还“讯之传闻，访之故老”，进行实地考察，以求资料来源之丰富和准确。宋蜀郡善妙尼有舍身抚养妹妹，最终又舍身自焚之事，传中已有详载，撰者又于篇末自注云：“问益土人，或云元嘉十七八年烧身，或云孝建时，或言大明中，故备记之耳。”此即为亲自探访之证。

尼僧行迹，材料难寻，故每得一碑、一记，都弥显珍贵。若无其他资料相佐，有时难免照录，或加以缩写，以求其本真。生当齐梁时的禅林寺名尼净秀，卒后梁文坛巨擘沈约曾作有《南齐禅林寺尼净秀行状》，文载《广弘明集》卷二十三。《比丘尼传》也列禅林寺净秀尼传。二文如出一辙，只有繁简之别（沈文繁，宝唱之作简）。文长不便征引，兹举一段净秀出家前后的描写，以供比勘：

沈约之《行状》云：

“天性聪睿，幼而超群。年至七岁，自然持斋。家中请僧行道，闻读《大涅槃经》，不听食肉，于是即长蔬不啖，二亲觉知。若得鱼肉，辄便弃去。昔有外国普练道人出于京师，往来梁舍，便受五戒，勤翘奉持，未尝违犯。……（后出家住青园寺）有开井士马先生者，于青园见尼，即便记云：‘此尼当生兜率天也。’又亲于佛殿内坐禅，同集三人，忽闻空中有声，状如牛吼。二尼惊怖，迷闷战栗。尼澹然自若，徐起下床，归房执烛，检声所在，旋至构栏。二尼便闻殿上有人相语云：‘各自避路，某甲师还。’”

宝唱之《尼传》云：

“净秀幼而聪睿，好行慈仁。七岁自然持斋。家中请僧转《涅槃经》，闻断鱼肉，即便蔬食，不敢令二亲知。若得鲑膳，密自弃去。从外国沙门普练，谘受五戒，精勤奉持，不曾违犯。……时有马先生，世呼神人也。见秀记言：‘此尼当生兜率。’尝三人同于佛殿内坐，忽闻空中声，状如牛吼。二人惊怖，唯秀澹然。还房取烛，还始登阶，复闻空中语曰：‘诸尼避路，秀禅师归。’”

净秀卒于梁天监六年（公元五〇七年），沈约之《行状》也定作于此后不久，沈约卒于天监十一年，而宝唱之《尼传》最早成书不早于天监（公元五〇二—五一九年）末，传中载道贵、法宣尼卒于天监十五年（公元五一六年），而其自序中称："起晋升平，讫梁天监。"故《尼传》定在《行状》之后成书，沈文正是宝唱"广搜碑颂"之对象，唱书袭用沈文亦彰彰明甚。由此也表明：《比丘尼传》可能带有一种资料纂集的性质。

《比丘尼传》是中国佛教史上最早的一部描写中国妇女奉佛的专著，具有重要的史料价值，每为研究中国佛教史的学者所重。它不仅对于了解中国比丘尼的发展情况，而且对于研治整个佛学、探测六朝时期的社会文化均具有重要的参考价值。兹摘其要者略述如下。

第一，提供中土比丘尼初创时期的重要史料

西域比丘尼产生甚早，释迦牟尼佛姨母大爱道（Mahāprajāpatī）即是其地尼僧的创始人。自此以后，比丘尼和比丘一道发展起来。后龟兹等地也相率建立了比丘尼制度。

僧祐《出三藏记集》卷十一《比丘尼戒本所出本末序》中就介绍了龟兹（今新疆）的比丘尼情况：阿丽蓝（百八十比丘尼）、输若干蓝（五十比丘尼）、阿丽跋蓝（三十尼道），上三寺比丘尼总依舌弥受法戒。此三寺

尼，多是葱岭而来的王侯妇女，为道远集斯寺。

《比丘尼戒本》于前秦建元十五年（公元三七九年）由僧纯、昙充传入，其时中土比丘尼尚处于萌芽状态，而龟兹的尼院经济就相当发达了。可见中土比丘尼制度建立在龟兹之后是十分明显的。

《比丘尼传》为我们提供了中土比丘尼产生的最早情况。据本书载，中土比丘尼肇始于西晋末年的建兴年间（公元三一三—三一七年），第一批尼僧共有二十五人，净检就是其中的一个。

中土比丘尼的建立受到西域比丘尼制度的影响，大爱道所创立的第一个比丘尼僧团以及寺院有僧尼二众的制度均给中土以直接启发。然中土比丘尼的创立又缘于中土妇女自身的觉悟，净检则是其实际创始人。《净检尼传》载：

“后沙门法始，经道通达，晋建兴中，于宫城西门立寺。检乃造之，始为说法，检因大悟。念及强壮，以求法利，从始借经，遂达旨趣。他日，谓始曰：‘经中云比丘、比丘尼，愿见济渡。’始曰：‘西域有男女二众，此土其法未具。’检曰：‘既云比丘、比丘尼，宁有异法？’始曰：‘外国人云，尼有五百戒，便应是异。当为问和上。’和上（即罽宾智山）云：‘尼戒大同细异，不得其法，必不得授。尼有十戒，得从大僧受。但无和上，尼无所依止耳。'检即剃落，从和上受十戒。同其志者二十四人，于宫城西门共立竹林寺。未有尼师，共谘净检，过于成德。"

此节文字由净检觉中土无尼之憾，到问僧、受戒、建寺，最后到立师，将比丘尼初建时的状况叙述得十分清晰。中土第一个比丘尼僧团的形成在此初露面目。

同时，这一尼传还记载了中国第一次比丘尼在船上受戒的史实。当时僧建请昙摩羯多于洛阳建戒坛，沙门道场以《戒因缘经》为难，认为他传戒结界不合法，遂浮舟于泗河，以成结界，净检等四人便在这船上受了戒。

《比丘尼传》对比丘尼受戒的发展情况的记载，尤具价值，可补史传所记之阙。按佛教入教仪式规定，女子出家，二十岁之前，要先受沙弥尼戒，共十条，故亦称受十戒；二十岁后，要受具足戒，又称大戒，共三百四十八戒，或称五百戒。与比丘不同，比丘尼受此戒时，要先后从比丘、比丘尼二众而受，戒师须由十人组成，所谓"三师七证"。经过二度受戒，即成为正式比丘尼。

但草创时期，比丘尼受戒仪规未完备，尚处于摸索阶段。净检尼等先从智山受十戒，后又于升平元年（公元三五七年）从外国沙门昙摩羯多受具足戒。从受十戒的建兴年间（公元三一三—三一七年）到升平，其间已有四十年。

但此种戒法有一重大缺憾，按比丘尼戒法规定，比丘尼受具足戒，必有十位著名尼僧在场，晋安令首尼虽从佛图澄和净检尼受具足戒（见卷一《安令首尼传》），但未得十人，故此戒法仍有未备。

且晋世以来，比丘尼受戒主要是从比丘受戒，大都未从比丘尼受。晋世四众皆备，但比丘尼受戒却一直是在这种不完备的情况下进行的，直到宋元嘉十二年（公元四三五年）这一状况才有所改观，然其间又经过了约八十年的时间。

《比丘尼传》环拱于这一问题做了至为丰赡的记载，这也是这部传记所关注的重要问题之一。卷二《慧果尼传》《僧果尼传》《宝贤尼传》，卷三《德乐尼传》，卷四《净秀尼传》等，均对此载记甚详。最早从二众受具足戒的是宋景福寺慧果、净音等三百余人。卷二《宝贤尼传》载：

“初，晋兴平中净检尼，是比丘尼之始也。初受具戒，指从大僧。景福寺慧果、净音等，以谘求那跋摩。求那跋摩云：‘国土无二众，但从大僧受得具戒。’慧果等后遇外国铁萨罗尼等至，以元嘉十一年，从僧伽跋摩，于南林寺坛，重受具戒。非谓先受不得，谓是增长戒善耳。”

关于这次大规模受戒的起因、过程，宝唱又在《慧果尼传》《僧果尼传》中详加交代。其《慧果尼传》称：

“到元嘉六年，西域沙门求那跋摩至，果问曰：‘此土诸尼，先受戒者，未有本事。推之爱道，诚有高例。未测厥后，得无异耶？’答曰：‘无异。’又问：‘就如律文，戒师得罪，何无异耶？’答曰：‘有尼众处，不二岁学，故言得罪耳。’又问：‘乃可此国先未有尼，非阎浮无也。’答曰：‘律制十僧得受具戒，边地五人亦得授之。正为有处，不可不如法耳。’……九年，率弟子慧灯等五人，从僧伽跋摩重受具戒。”

慧果在这次谘问中，深感中土尼戒不整，其中涉及无二众受戒是否合理，尼师不足十人能否受戒等问题。最后决定重修戒法，以起微妙之善心。在大僧主持下，从铁萨罗尼等十人以受戒。慧果在完足中土尼众之戒法上卓然有功。宋赞宁《僧史略》卷上所引《萨婆多师资传》:“此方尼于二众受戒，慧果为始也”，可能正本于此传。

在《僧果尼传》中，则详细描述了这次受戒的过程：

“元嘉六年，有外国舶主难提，从师子国载比丘尼来至宋都，住景福寺。……到十年，舶主难提复将师子国铁萨罗等十一尼至。先达诸尼，已通宋语。请僧伽跋摩于南林寺坛界，次第重受三百余人。”

《比丘尼传》这些详细的记载，为中国佛教史留下了十分珍贵的资料。尼戒逐步完善的情况在六朝时的佛教传集中鲜有记载，唯《高僧传》对此有所涉及。《高僧传》卷三《求那跋摩传》云：

“时景福寺尼慧果、净音等，共请跋摩云：‘去六年，有师子国八尼至京，云宋地先未经有尼，那得二众受戒，恐戒品不全。’跋摩云：‘戒法本在大僧众发，设不本事，无妨得戒，如爱道之缘。’诸尼又恐年月不满，苦欲更受。跋摩称云：‘善哉！苟欲增明，甚助随喜，但西国尼年腊未登，又十人不满，且分学宋语，别因西域居士，更请外国尼来，足满十数。’”

卷三《僧伽跋摩传》亦云：

“初，三藏法师（即僧伽跋摩）明于戒品，将为景福寺尼慧果等重受具戒。是时二众未备，而三藏迁化。俄而师子国比丘尼铁萨罗等至都，众共乃请跋摩为师，继轨三藏。”

这样，《高僧传》和《比丘尼传》二相比勘，即可得此事之详。然慧皎所记，较宝唱为略，尤其对此次受戒尼僧的具体情况没有涉及，而对此受戒的过程也语焉未详。两书合而观之，许多前人的谬说亦不俟烦言而解。

如《高僧传》称元嘉六年师子国来尼八人，后又请铁萨罗等比丘尼至。《比丘尼传》称元嘉六年师子国有比丘尼至宋都，住在景福寺，并学宋语，十一年又有铁萨罗等十一尼至，前后计有十九人，受戒时定有先期到达的那些已懂宋语的比丘尼。而许多书中载此史实云：“元嘉十年请师子国铁萨罗等十一尼受戒”，此实为误记。

菩萨戒也是佛门戒法之一，为大乘戒法，但此戒不是必须，而是自愿，梁武帝等就受过此戒，自称“菩萨戒弟子”。关于比丘受菩萨戒，史不乏载，但比丘尼受此戒，则史书鲜见。《比丘尼传》正可补这一缺憾。其卷二《法盛尼传》称法盛曾“从道场寺偶法师受菩萨戒”。此后，受菩萨戒者渐多。菩萨戒兴起于梁、陈二代，而比丘尼受菩萨戒，宋时就已经流行，这也是很有史料价值的。

另外，东晋和南北朝时期，《十诵律》在南方非常流行。《高僧传·明律篇》认为：“《十诵》一本，最胜东国。”这一点在《比丘尼传》中也可得到证实。

据载，宋、齐、梁时代比丘尼多重律学，在律学之中，又独钟《十诵》，而当时名重京都的律学大师法颖等宣讲《十诵》，尼众便争相听受。《比丘尼传》有关《十诵》的记载对研讨六朝律学的传布具有一定的参考价值。

第二，提供了诸家所无的佛教史资料

《净检尼传》称：“晋咸康中，沙门僧建于月支国得

《僧祇尼羯磨》及《戒本》。升平元年二月八日，于洛阳译出。”僧祐《出三藏记集》、慧皎《高僧传》以及《开元释教录》等均所不载,《比丘尼传》提供了此二经译者、翻译时间的珍贵资料，故为世所重。

佛教传入东土之始，佛与黄老并祠，视佛为中国之神仙方术之一，并将老子与释迦牟尼佛比并。然晋世以来，佛、道之争日显剧烈，理论界之笔战也酣然炽盛。《比丘尼传》对此也提供了许多有价值的材料。其卷一《道馨尼传》载：

“晋泰和中，有女人杨令辩，笃信黄老，专行服气。先时人物，亦多敬事；及馨道王，其术寝亡。令辩假结同姓，数相去来，内怀妒嫉，伺行毒害。后窃以毒药内馨食中，诸治不愈。”

从其语气看，宝唱显然是奉佛轻道的。这虽系道佛相争之一斑，但因信仰不同，竟然演成蓄意谋杀之地步，可见其冲突之剧烈。

从这段叙述，还可看出一点，即道教本来在民间信仰中占统治地位，“先时人物，亦多敬事”，但佛教传入后，道教便渐失往日之隆兴，这可能也是道佛相争的根本原因。“及馨道王，其术寝亡”，佛道间的替嬗之迹莹然可观。

这一点在《道容尼传》中也有所体现。晋简文帝本信道教，服膺清水道师，并割第为之立道舍。虽经道容竭力劝谏，他却始终不听。后简文帝因此而屡遭不祥，道容尼却为他除掉邪魔，于是他才幡然易辙，弃道从佛。这种态度的变化既反映出佛道相争相替的历史事实，同时它也对前代重黄老之风起了一定的矫正作用。

南方重义门，北方重禅学。然南方禅学虽不及北方发达，但确也颇具规模。晋宋之际，南方禅学就为世所重，但比丘尼奉禅之说史无所载，唯《比丘尼传》言之綦详，正可从一个侧面看出当时禅法流行之势态。

《比丘尼传》所列妇女奉禅，两晋无载，宋时颇多，中有宋景福寺法辩尼、竹园寺慧浚尼等。降及齐梁，奉禅之风亦有增未减，如齐禅基寺僧盖尼、华严寺妙智尼、东青园寺法全尼、梁长乐寺昙晖尼、闲居寺惠胜尼、底山寺道贵尼等等。禅法在南方妇女奉佛者之中信众颇多。

宋明帝泰始三年（公元四六七年），明帝为净秀尼所建之禅林寺为宋、齐、梁三代比丘尼禅学宗寺，一如道场寺（被时人称为“禅窟”）之于比丘之地位。比丘尼在此竞相以禅寂为乐，悉心禅观，静守定慧，一心独往，忘却世道纷纭。《比丘尼传》还载有尼僧多颂《首楞严》《楞伽经》《胜鬘经》，以寻求心法要旨。

《比丘尼传》另载有当时禅师授禅的情况。畺良耶舍是宋时著名禅师，《高僧传》有传。但他在比丘尼中授禅的情况，皎书则语焉未详。《比丘尼传》有关此禅师的记载，正可补其不足。

卷二《法辩尼传》载法辩曾“从道林寺外国沙门畺良耶舍，谘禀禅观，如法修行”。卷四《昙晖尼传》载畺良耶舍还西去蜀地授禅，“元嘉九年，有外国禅师畺良耶舍入蜀，大弘禅观”。

《比丘尼传》还列有诸传乏载的禅师，如隐、审二法师，《尼传》有多处载其行迹。如卷四《僧述尼传》云僧述“从隐、审二法师，谘受秘观，遍三昧门”。卷三《僧盖尼传》言其“受业于隐、审二禅师，禅师皆叹其易悟”。卷三《慧绪尼传》又载有玄畅禅师从蜀下荆授禅之事。此皆足补史传之阙。

齐梁时禅师《高僧传·僧传》也列之甚少，《比丘尼传》所记其时授禅情况，为中土禅学史研究提供了信而有征的资料。

第三，提供了六朝时寺庙情况的新材料

两晋和宋、齐、梁、陈的寺院如雨后春笋，据唐法琳《辩正论》和道世《法苑珠林》载，西晋两京有寺一百八十所，东晋建寺一千七百六十八所，宋有

寺一千九百一十三所，齐有寺二千零十五所，梁有寺二千八百四十六所。对于如此庞大的寺院群，若想知其详、究其极是相当困难的。

梁昙宗《京师塔寺记》、慧皎《高僧传》，唐许嵩《建康实录》，都有这方面的记载，但只是极小的一部分。《比丘尼传》出现了大量的寺庙记载，许多寺庙泯然未见于诸传之中，尤其关于尼寺源流的交代，更在中国寺院考辨中具有突出的价值。

《比丘尼传》记载了二十五座新建尼寺，对其建寺的时间、人物、规模乃至名称原委等均有程度不同的交代，其中晋七座、宋五座、齐十座、梁三座。

晋七尼寺分别是：号称中国尼寺之祖的净检等二十四人共立之竹林寺、安令首尼所建的建贤寺、司空何充为康明感所建的建福寺、晋穆帝何皇后为昙备所建的北永安寺（又称何后寺，乃晋世著名尼寺）、晋康帝褚皇后为僧基尼所建的延兴寺、晋明帝为道容尼所立的新林寺、太傅司马道子为妙音尼所立的简静寺。其中建福寺、北永安寺等是影响较大、持续时间较长的著名尼寺。

在宋世的六个新建尼寺中，有景福寺、南永安寺、菩提寺、青园寺、竹园寺、禅林寺等，其中景福寺，昙宗《京师塔寺记》有载，但极为简略。《比丘尼传》则将所建时间、地址、缘由、人物以及百年左右此寺中尼僧活动情况详加记载。宋著名尼僧慧果、法辩，齐名僧净度、僧猛均居于此寺，开庭讲法，笃念修行，社会名流也常出入此寺，蔚为一时之盛事。

青园寺也是南朝名寺，宋后废帝和大臣常亲临此寺，昙宗《京师塔寺记》谓此寺为王景深为业首尼所建；《比丘尼传》则更相扩展，谓："元嘉三年，王景深母范氏，以王坦之故祠堂地施首，起立寺舍，名曰青园。齐肃徒众，甚有风规。潘贵妃叹曰：'首尼弘振佛法，甚可敬重。'以元嘉十五年，为首更广寺西，创立佛殿。复拓寺北，造立僧房。赈给所须，寺业兴显，众二百人，法事不绝。"这段叙述远较昙宗所记为详，成了后世了解这所著名尼寺的重要材料来源。

齐时，尼传共录新建尼寺有众造寺、齐明寺、东青园寺、西青园寺、法音寺、福田寺、集善寺、王国寺、齐兴寺、竹园寺等十所。至梁时，又共记新建尼寺有闲居寺、顶山寺两座。这些尼寺的记载也颇具史料价值，为后世研治六朝寺院及其沿革洞开了一条途径。

如青园寺又有东西二寺之分，二者孰先孰后？又何以分为二寺？前人对此多付阙如，而观乎《法全尼传》则晓然觉悟。其文云："寺（青园寺）既广大，阅理为难。泰始三年，众议欲分为二寺。时宝婴尼求于东面起立禅房，更构灵塔，于是始分为东青园寺。"

这段记载虽字数不多，却将“分为二寺”的理由、时间、人物一一交代出来，同时，它又与《业首尼传》中有关青园寺的记载有互见之妙，对探究青园寺的沿革极具史料价值。

《比丘尼传》中，对诸尼寺的雕刻造像等有所记载，它是研究中国佛教艺术史的有用材料。兹举一例以明之。卷二《道瑗尼传》载：

“以元嘉八年，大造形像，处处安置。彭城寺金像二躯，帐座宛具；瓦官寺弥勒行像一躯，宝盖璎珞；南建兴寺金像二躯，杂事幡盖。于建福寺造卧像并堂，又制普贤行像。供养之具，靡不精丽。又以元嘉十五年，造金无量寿像。”

经
典

1 序

原典

原夫贞心亢志，奇操异节，岂唯体率由于天真，抑亦励景行于仰止！故曰：希颜之士，亦颜之俦；慕骥之马，亦骥之乘。斯则风烈英徽，流芳不绝者也。是以握笔怀铅之客，将以语厥方来；比事记言之士，庶其劝诫于后世。故虽欲忘言，斯不可已也。

昔大觉应乎罗卫，佛日显于阎浮，三界归依，四生向慕。比丘尼之兴，发源于爱道。登地证果，仍世不绝。列之法藏，如日经天。

自拘尸灭影，双树匿迹，岁历蝉联，陵夷讹紊。于是时浇信谤，人或存亡，微言兴而复废者，不肖乱之也。正法替而复隆者，贤达维之也。

像法东流，净检为首，绵载数百，硕德系兴。善妙、净珪，穷苦行之节；法辩、僧果，尽禅观之妙；至若僧端、僧基之立志贞固；妙相、法全之弘震旷远，若此之流，往往间出。并渊深岳峙，金声玉震，实惟菽叶之贞干，季绪之四依也。

夫年代推移，清规稍远，英风将范于千载，志事未集乎方册，每怀慨叹，其岁久矣。始乃博采碑、颂，广搜记、集，或讯之传闻，或访之故老，诠序始终，为之立传。

起晋咸和，讫梁普通[①]，凡六十五人。不尚繁华，务存要实。庶乎求解脱者，勉思齐之德。而寡见庸疏，或有遗漏。博雅君子，箴其阙焉。

注释

①关于此句中的“咸和、普通”,《大正藏》本，咸和作升平；普通作天监。

译文

世间充满着这样的高洁之士，他们具有忠正的灵魂、坚强的意志，并秉持奇异的节操。这种声名，岂止是由他们一己的性灵自然流出，又何尝不是仰慕前贤、倾心自励的结果。所以，人们常说：心仪颜回之人，最终能成为与颜回相匹伍的贤者；这犹如一匹马，倘若常与骏马扬蹄比肩，最终也能成为良骥。这说明，先哲前贤的风烈英徽，德被广大，沾溉宏多，具有永恒的化育力。正因如此，文人学士才相率执笔，述前人之德业，昭后世之众生，以期收到劝诫教化之功效。虽然佛门有不立文字、破除言执之论，但这也是不得已的事啊！

昔佛陀于迦毗罗卫国大彻大悟，佛日在阎浮山光辉朗照，自此之后，三界皈依正道，众生向慕佛法。而比丘尼制度的兴起，肇始于佛之姨母大爱道，她受持八敬得戒，最后登十地之位，证佛之妙果，其流风余韵，相沿不绝。其事迹德操荣列佛藏之中，有如日月经天，光照后世。

自佛陀于拘尸那之娑罗双树下入灭，时光荏苒，岁月飘忽，世道坎坷，邪魔迭出，又有民风浇薄，毁谤四起，致使佛运播化，累遭曲折。这表明，佛法妙言，兴而复废，盖因邪逆侵凌之故；而佛门正法，最终又能由衰转隆，实亦仰仗佛门贤达弟子的承继之功。

佛法东流，中土比丘尼奉持正法的，要以净检尼为先。此后绵延数百年，比丘尼事业才日臻隆盛，功德方日显昭彰。善妙、净珪二尼，深秉苦行之操守；法辩、僧果二尼，穷尽禅悟之妙谛；他如僧端、僧基之属，履操莹洁，志向坚贞；妙相、法全之俦，悉心弘法，德化遐布。如此女众中的颖脱者，则时有出现，代不乏人。她们的功勋宛如无尽的深渊、耸绝的山岳、震悦的金声、悠扬的玉响，特立于佛林之内，弥贯于众生之中，这实在有如萩叶之系于秀干，是佛业余绪得以延续以至复兴所多方倚仗的。

随着时代的推移，她们和后人相去日远，其英风清规固可垂范千古，但缺乏必要的文字记载。每每念及于此，我总是顿生感慨，抱憾久矣。所以我才博采碑、颂，广罗记、集，或索求于奇闻异传，或造访于民间故老，将所得材料绳穿条贯，诠定终始，使其杂而不越，从而为比丘尼立传。

本书所记诸尼僧，起于晋升平年间（公元三五七—三六一年），终至梁天监年间（公元五〇二—五一九年），共六十五人。行文不求华美繁缛，但求精要质实。切望此作能使那些在苦海中求解脱的芸芸众生，闻风而生向慕之忱，离俗而奉佛门之法。我识短见疏，或有遗漏，祈盼博雅君子，有以教之。

2　晋

洛阳竹林寺竺净检尼

原典

净检，本姓种[①]，名令仪，彭城人。父诞，武威太守。检少好学，早寡，家贫，常为贵游子女教授琴书。闻法信乐，莫由谘禀。

后沙门法始[②]，经道通达，晋建兴中，于宫城西门立寺。检乃造之，始为说法，检因大悟。念及强壮，以求法利[③]，从始借经，遂达旨趣。

他日，谓始曰："经中云比丘[④]、比丘尼[⑤]，愿见济渡[⑥]。"

始曰："西域有男女二众[⑦]，此土其法未具。"

检曰："既云比丘、比丘尼，宁有异法？"

始曰："外国人云尼有五百戒[8]，便应是异。当为问和上[9]。"

和上云："尼戒大同细异，不得其法，必不得授。尼有十戒[10]，得从大僧[11]受。但无和上，尼无所依止[12]耳。"

检即剃落，从和上受十戒。同其志者二十四人，于宫城西门共立竹林寺。未有尼师，共谘净检，过于成德。

和上者，西域沙门智山[13]也。住罽宾国，宽和有智思[14]，雅习禅诵。晋永嘉末来达中夏，分卫[15]自资，语必弘道。时信浅薄[16]，莫知祈禀。建武元年，西返罽宾。后竺佛图澄[17]还，述其德业，皆追恨焉。

检蓄徒养众，清雅有节；说法教化，如风靡草。晋咸康中，沙门僧建，于月支[18]国得《僧祇尼羯磨》及《戒本》[19]。兴平[20]元年二月八日，于洛阳译出。外国沙门昙摩羯多[21]，为立戒坛。晋沙门释道场[22]，以《戒因缘经》[23]为难，云其法不成[24]，因浮舟于泗。检等四人同坛止，从大僧以受具戒。晋土比丘尼，亦检为始也。

当其羯磨[25]之日，殊香芬馥，阖众同闻，莫不欣叹，加其敬仰。善修戒行，志学不休。信施虽多，随得随散，常自后己，每先于人。

到咸康[26]末，忽复闻前香，并见赤气。有一女人，手把五色花，自空而下。检见欣然，因语众曰："好持后事，我今行矣！”执手辞别，腾空而上。所行之路，有似虹霓，直属于天。时年七十矣。

注释

①**姓种**：“种”他本或作“仲”。

②**法始**：晋比丘，生平不详。

③**法利**：佛法上的功德利益。《法华经·分别功德品》：“世尊分别说得法利者。”

④**比丘**：也作苾刍，乃梵文Bhikṣu的音译，意译为乞士、乞士男、除士、熏士、破烦恼、除馑、怖魔等，是受过具足戒的男性出家者。

⑤**比丘尼**：亦作苾刍尼，是梵文Bhikṣuṇī的音译，意译为乞士女、除女、熏女等，是依法受过具足戒的女性出家者。

⑥**济渡**：佛教术语。佛家认为，众生生活在生死苦海之中，佛门要旨则在于普度众生至彼岸世界。

⑦**男女二众**：此指比丘、比丘尼。

⑧**五百戒**：佛教戒法规定，女性出家者满二十岁后，要先后从比丘、比丘尼受具足戒，即五百戒。依《四分律》，比丘尼戒三百四十八，以大数简称为五百戒。受此戒后，即取得正式比丘尼资格。《药师如来本愿经》：“比

丘尼受持五百戒。”(《大正》十四·页四四九中)

⑨**和上**：和尚。

⑩**十戒**：女性出家先受十戒，叫沙弥尼戒，其戒律共十条，即：不杀生，不偷盗，不淫，不妄语，不饮酒，不着华鬘好香涂身，不歌舞倡伎并不往观听，不得坐高广大床，不得非时食，不得贪图金银宝物。

⑪**大僧**：受过具足戒的比丘，佛门中出家而未受过具足戒的沙弥、沙弥尼，称比丘为大僧。

⑫**依止**：比丘、比丘尼受戒，其受戒之师，又称依止师。

⑬**智山**：罽宾僧人。罽宾，今克什米尔一带。

⑭**智思**：犹“智意”“智心”，即智慧之心。蔡邕《童幼胡根碑》：“言语所及，智思所生，虽成人之德，无以加焉。”

⑮**分卫**：乞食，寻求施舍。

⑯**浅薄**：肤浅。

⑰**佛图澄**：(公元二三二—三四八年)西晋时著名佛学家。西域人，或谓天竺人，本姓帛。《世说新语·言语篇》谓其“出于敦煌”。后至后赵宣讲佛法，为石勒、石虎所崇信。《高僧传》称其多能异法，被时人称为“大和上”。其弟子释道安、释法汰传其法。

⑱**月支**：我国古代西部的少数民族，原在敦煌、祁

连山一带。汉文帝时被匈奴老上单于击败西走，到达今阿姆河流域（今塔吉克斯坦和阿富汗境内一带）建立王朝，称大月氏。

⑲**《僧祇尼羯磨》及《戒本》：**此二经典之译诸家目录咸不载，此处所记，可补史料之阙。

⑳**兴平：**当为“升平”之误。

㉑**昙摩羯多：**天竺僧人，晋时来华，曾参与译经，后不测其终。

㉒**释道场：**晋比丘，生平不详。

㉓**《戒因缘经》：**《戒果因缘经》，属戒律方面的典籍。

㉔此处年代记载似有舛误。今人周叔迦《释典丛录》云：“然净检尼所记载岁月，疑有乖舛。传云昙摩羯多立戒坛，释道场以《戒因缘经》为难，云其法不成。《戒因缘经》释于秦建元十四年，当晋太元之年，上距净检尼发心之初建兴年中已六十余年，其时净检尼当已早卒，那得从之受戒耶？”

㉕**羯磨：**梵文 Karman 的音译，或译“作业”。即受戒、忏悔等仪式。

㉖**咸康：**此处所记与净检生平不合，疑为“咸安”（公元三七一—三七二年）或“宁康”（公元三七三—三七五年）之误。（《大正藏》本作“升平”年。）

译文

净检，俗姓种，名令仪，彭城（今江苏徐州）人。父亲种诞，曾出任武威（今甘肃武威）太守。净检自幼就好学不倦，丈夫早逝，孑然一身。因家境清寒，她不得不常为官宦子女教授琴艺、书法，以为生计。她听人演说佛法，虔心信奉，乐于受教，只是苦于无处去咨询请益。

后有高僧法始，精通佛道大义，于晋愍帝建兴（公元三一三—三一七年）年间，在宫城西门外立寺定居。净检前去造访他，法始便为她宣说佛法，她也因此而朗然彻悟。净检意欲趁此强健之年参经悟道，追求佛法功德利益，就从法始处借来佛经诵习，并很快洞悉了它的奥旨。

一天，净检对法始说："佛经上说有比丘、比丘尼二众，我是个女子，能否皈依佛门，请指点迷津。"

法始说："是的，西域佛门中人有男也有女，中原区域则不具备这种成法。"

净检说："经书上既然说佛门中应有比丘和比丘尼，难道我们这地方有什么不同的法吗？"

法始回答说："外域人说比丘尼有五百戒，而比丘仅有二百五十戒，这恐怕应是这二者之间的差别。至于具体情况，我当为你去问另一和尚。”

被问的和尚说：“僧与尼受戒，大同而小异。倘不得其法，也就定然不能受戒。尼有十条戒律，当从大僧处受戒。但若是没有大僧，尼僧便无依止师了。”

法始回来告诉了净检，净检就依那位和尚的说法，剃发而从之受戒。当时与她志向相同的共有二十四人，一齐受了戒，并在宫城西门共建竹林寺修行。由于当时晋土仅在此寺有比丘尼，没有其他尼师施教，因而她们便一起请教净检，由此成就佛门功德利益。

法始所说的那位和尚，乃是西域僧人智山。他居住在罽宾国（今克什米尔一带），秉性宽和，心智聪慧，素习禅诵。晋怀帝永嘉（公元三〇七—三一三年）末年来到中土，以化缘维持生计，语必以弘扬佛法为职志。当时中原佛法初染，风化未全，信徒们的体验都较肤浅，还不知向他请教佛理。东晋元帝建武元年（公元三一七年），他西行返回罽宾。嗣后，天竺佛图澄又来到中原，宣述智山和尚的道行德业，听者无不为当初未能当面聆教而感到遗憾。

净检教化徒众，清雅而有节度；宣讲佛法，以施行教化，宛如风行草靡，受教者无不倾倒，得益匪浅。东晋成帝咸康（公元三三五—三四二年）年间，有僧建和尚，在月支国得到《僧衹尼羯磨》及《戒本》。晋穆帝升平元年（公元三五七年）二月八日，他在洛阳将其译成汉文。当时，外国僧徒昙摩羯多在京都为僧尼立了戒坛。晋僧徒释道场，根据《戒因缘经》的戒律条文，对昙摩羯多提出疑问，认为他这样做于佛法有所不通。于是昙摩羯多浮舟到了泗河，因立戒坛。净检等四人也一起到了戒坛，在船上受了具足戒，史称船上受戒，这样就正式成为比丘尼了。中土比丘尼，就是从净检开始的。

在她进行受戒仪式时，有异香芬馥徐徐袭来，在场的人都闻到了，一个个欣喜万状，惊叹不已。因此异事，净检就更受人们的景仰。她又善修自己的戒行，诵习经典，孜孜不已。她所得到的布施虽然很多，但总是随得随散，常常是先给别人，后给自己。

晋简文帝咸安末年，人们忽又闻到以前那种芬馥的奇香，并看到红光冉冉升起。见一女子，手执五色花束，从空中翩然而下。净检见状，十分欣喜，就对众尼说道："你们好好处理未来的事，我现在先行一步了。"于是和她们握手辞别，腾空而上。她所行之路，宛若一道彩虹，直接天边，良久始散。卒时，她已七十岁了。

伪赵建贤寺安令首尼

原典

安令首，本姓徐，东莞人。父忡，仕伪赵[1]外兵部[2]。令首幼聪敏好学，言论清绮。雅性虚淡，不乐人间；从容闲静，以佛法自娱，不愿求娉。

父曰："汝应外属，何得如此？"

首曰："端心业道[3]，绝想人外，毁誉不动，廉正自足。何必三从[4]，然后为礼？"

父曰："汝欲独善一身，何能兼济父母？"

首曰："立身行道，方欲度脱一切，何况二亲耶！"

忡以问佛图澄，澄曰："君归家洁斋三日竟可来。"忡从之。澄以胭脂磨麻油傅忡右掌，令忡视之。见一沙门在大众中说法，形状似女，具以白澄。

澄曰："是君女先身，出家益物，往事如此。若从其志，方当荣拔六亲，令君富贵。生死大苦[5]，向得其边。"忡还许之。

首便剪落，从澄及净检尼受戒，立建贤寺。澄以石勒[6]所遗剪花纳七条衣[7]及象鼻澡罐与之。博览群籍，经目必诵。思致渊深，神照详远。一时道众，莫不宗焉，因其出家者二百余人。又造五寺，立精舍，匪惮勤苦，皆得修立。

石虎[8]敬之，擢忡为黄门侍郎、清河太守。

注释

①**伪赵**：后赵。两晋和南北朝政权称当时北方一些国家为伪政权。

②**外兵部**："部"当为"郎"之误，据《晋书·职官志》，外兵郎为尚书郎之一。

③**业道**：佛家三道之一，善恶之所作，使人向于六趣，故名为道。《胜鬘经宝窟》上末曰："造作称业，通人向于三涂，名之为道。"

④**三从**：儒家认为女子应具有三从四德，三从是：在家从父母，出嫁从夫，夫亡从子。

⑤**大苦**：他本作"大苦海"。

⑥**石勒**：（公元二七四—三三三年）后赵创建者。羯族，字世龙。东晋太兴二年（公元三一九年）建立政权，自号赵王，占领襄国（河北邢台）。东晋咸和五年（公元三三〇年）改元建平，史称后赵。

⑦**剪花纳七条衣**：指袈裟。

⑧**石虎**：（公元二九五—三四九年）字季龙，羯族，

石勒之侄。石勒死，子弘继位，后虎杀石弘，自立为赵天王，为政极残暴。

译文

安令首，俗姓徐，东莞（今山东沂水东北）人。父亲徐忡，曾出任后赵外兵郎。她自幼聪敏好学，言语清丽不俗。天性虚和冲淡，不以凡俗为乐；举止端雅娴静，唯以佛法自娱性情。长大之后，令首不愿受聘出嫁。

她父亲焦急地劝说道："你应当出嫁！怎能抱这种态度呢？"

安令首答道："我专心业道，去恶从善，冥想超凡脱俗，别人说好说歹我全不在意，我只求廉明清正自饶自足。做一个女子，为什么一定要恪守三从之道，才能算作合于礼教呢？"

她父亲说："你只想独善自身，又怎能兼顾到父母呢？"

安令首说："佛法认为，人立身行道，是要普度众生，将大众从苦海里救脱出来，怎能仅仅限于父母呢？"

徐忡对女儿的话将信将疑，就去向佛图澄讨教。佛图澄告诉他："你回家斋戒三日完毕，可再到我这里来。"徐忡听从了他的话，斋戒三日之后，来见佛图澄。佛图澄就用胭脂磨麻油涂抹在徐忡的右手掌上，让他仔细看看。徐忡细细端详，只见一个僧人在大庭广众之中宣讲佛法，其状貌与自己的女儿十分相像。徐忡就将掌上所见原原本本地告诉了佛图澄。

佛图澄解释说：“这就是你女儿的前身。皈依佛门，本是她命中之事，这样也可遂其前世心愿。你如能顺从她的志愿，那就不仅会使你的六亲显达，而且你自己也会荣宠富贵。生死乃一大苦海，倘能如我所言，就能去苦得乐，到达解脱的彼岸。”徐忡听信了佛图澄的劝告，回家之后就答应了他女儿的要求。

安令首剃发出家，随佛图澄和净检尼受戒，并营造了建贤寺。佛图澄又把石勒所赠的袈裟及象鼻澡罐送给安令首。令首出家后，博览佛门经籍，过目就能成诵。她深造有得，思深识远，当时道众，无不宗仰崇奉她，随她出家的共有二百多人。她又建造了五座寺庙，营治了修行的精舍，那些不畏勤苦的人，都能在此修心立业，有所成就。

石虎因敬重安令首，便提拔她的父亲徐忡为黄门侍郎、清河太守，果然应验了佛图澄的话。

司州西寺智贤尼

原典

智贤，本姓赵，常山人也。父珍，扶柳县令。贤幼有雅操，志概[1]贞立。及在缁衣[2]，戒行修备，神情凝[3]远[4]，旷然[5]不杂。

太守杜霸，笃信黄老，憎疾释种[6]。符下诸寺，克日简汰。制格高峻[7]，非凡所行，年少怖惧，皆望风奔骇。唯贤独无惧，从容兴居自若。集城外射堂[8]，皆是耆德[9]。简试之日，尼众盛壮，唯贤而已。

霸先试贤以格，格皆有余。贤仪观清雅，辞吐辩丽，霸密挟邪心，逼贤独住。贤识其意，誓不毁戒法，不苟存身命，抗言拒之。霸怒，以刀斫贤二十余疮，闷绝躄[10]地，霸去乃苏。

倍加精进，菜斋苦节。门徒百余人，常如水乳。及苻坚[11]伪立，闻风敬重，为制织绣袈裟，三岁方成，价直千万。

后住司州西寺，弘显正法[12]，开长信行[13]。晋太和中，年七十余，诵《正法华经》[14]，犹日夜一遍。其所住处，众鸟依栖，经行[15]之时，鸣呼随逐云云。

注释

①**志概**：志向抱负、操守。概，节操也。

②**缁衣**：（浅）黑色僧服。宋赞宁《僧史略》上云："问：'缁衣者色状貌？'答：'紫而浅黑，非正色。'"僧服缁衣，故又作为僧徒的代称。

③**凝**：神情专注。

④**远**：用意渊邃。

⑤**旷然**：此指心胸宽阔纯净。

⑥**释种**：原指释迦佛之种族，后指佛门弟子。

⑦**高峻**：此指严苛。

⑧**射堂**：古代考试的地方。

⑨**耆德**：年高而有盛德之人。

⑩**躄**：足不能行。躄地，倒地。

⑪**苻坚**：（公元三三八—三八五年）前秦君主，字永固，一名文玉。曾先后灭前燕，取仇池，占晋汉中之地，取成都，有灭晋统一之心。东晋太元八年（公元三八三年），大举攻晋，战于淝水，大败而归。后为姚苌所灭。

⑫**正法**：佛法。《无量寿经》："弘宣正法。"

⑬**信行**：佛教术语，又称"法行"，即依佛法而行。

⑭**《正法华经》**：佛教重要典籍之一。晋时有二译本：一为竺法护译本，名《正法华经》，十卷，二十七品；

一为鸠摩罗什译本，名《妙法莲华经》，七卷或八卷，二十八品。此经为天台宗的重要立论依据。

⑮**经行：**佛徒因养身散除郁闷，来回往返于一定之地叫经行。唐释义净《南海寄归内法传》："五天之地，道俗多作经行。"

译文

智贤，俗姓赵，常山（郡治在今河北正定南）人。父亲赵珍，曾任扶柳（今河北冀县西北）县令。智贤年幼时便有雅洁的操行，她志向抱负坚贞清正，确然不可移易。后为尼僧时，潜心业道，遵行戒律，神情凝注而专一，志向高远，心灵洁净，不受世念染污。

当时有个叫杜霸的太守，深信黄老之术，痛恨佛门信徒。他曾下一道命令，令所管辖的各个寺庙，在限定期内简选裁汰僧尼。由于他制定的标准相当苛刻，一般人很难达到，因此年轻的尼众都很害怕，无不纷纷闻风而逃。唯有智贤不惊不惧，起居从容，不改常态。当时聚集在城外射堂的考官，都是年迈而有德望的人。到了甄别考核的那天，尼众中理盛气壮不失仪容的，也唯有智贤一人而已。

杜霸先以严苛的标准考核智贤，智贤从容就试，应对裕如。她仪表清雅脱俗，谈吐清丽，富于辩才，杜霸莫奈她何，遂暗藏邪恶之心，逼迫智贤独自留下。智贤知道他居心不轨，发誓不毁戒律，不违法规，不苟且存全自己的身命。于是她直言抗争，力拒杜霸。杜霸盛怒之下，竟挥刀将她砍伤二十余处，她晕厥倒地，直到杜霸离开才慢慢苏醒过来。

此后，智贤在道业上倍加精进，素食苦行，节操自守。其门徒有一百多人，关系十分融洽，常如水乳一般。及至前秦苻坚当政，听到智贤的经历与操守，对她大为敬重，便为她特制了一件精工织就的袈裟。这件袈裟历时三年方才制成，价值千万金。

后来，智贤又居住在司州（今河南洛阳东北）西寺，更是致力于弘扬正法，笃实修行。晋废帝太和（公元三六六—三七一年）年间，智贤已七十多岁，但诵习《正法华经》，仍是日夜一遍。她所居住的地方，据说常有众鸟依归栖息，而在经行之时，百鸟又鸣叫随逐，一时传为盛事。

弘农北岳寺妙相尼

原典

妙相，本姓张，名珮华，弘农人也。父茂，家素富盛。相早习经训①。十五，适太子舍人②北地③皇甫達。達居丧失礼，相恶之，告求离绝，因请出家。父并从之。

精勤蔬食，游心慧藏④，明达法相⑤。住弘农北岳，荫林西野，徒属甚多。悦志闲旷，遁景⑥其中，二十余载。厉精苦行，久而弥笃。每说法度人，常惧听者不能专志，或涕泣以示之，是故其所启训，皆能弘益。

晋永和中，弘农太守请七日斋⑦，座上白衣⑧谘请佛法，言挟不逊。相正色曰："君非直见慢，亦大轻邦宰⑨。何用无礼，苟出人间耶？"于是称疾而退，当时道俗咸叹服焉。

后枕疾累日，临终恬悦，顾语弟子曰："不问穷达，生必有死，今日别矣！"言绝而终。

注释

①**经训：**此指儒家经典训条。

②**太子舍人：**东宫官属，秦置，晋因之。晋时此官

有十六人，管理太子宫中日常事宜。

③**北地**：北地郡，今在甘肃、宁夏一带。

④**慧藏**：佛教称经、律、论为三藏，亦称慧藏。梁简文帝庄严旻法师《成实论义疏·序》："三品慧藏，入道弥通。"

⑤**法相**：佛教术语，梵文 Dharma（达磨）的意译。佛家将事物的现象和本质、精神和物质统称为"法"，将事物的外在表象称为"相"。法相即诸法实相，《大乘义章》二："一切世谛，有为无为，通名法相。"（《大正》四十四·页五〇六下）

⑥**遁景**：景，"影"的古字。遁景即遁迹、隐居。

⑦**七日斋**：又称"打七"，是禅宗和净土宗的重要佛教仪式，打七活动一般有一七（一个七日）至十七（十个七日）的不同。

⑧**白衣**：佛家以缁衣指代僧徒，白衣指未出家的俗众。

⑨**邦宰**：此指弘农郡守。

译文

妙相，俗姓张，名珮华，弘农（郡治在今河南灵宝西）人。父名张茂，家境一向很殷实。妙相年幼时，就诵习经典的训诲。十五岁时，嫁给了太子舍人北地（郡名，今陕西耀县、富平一带）的皇甫逵。皇甫逵居亲丧而不遵礼法，妙相十分厌恶他，就正言相告，要求断绝夫妇关系。并由此请求出家，皈依佛门。她父亲张茂及其亲族最后同意了她的请求。

出家之后，妙相勤修佛法，毫不懈怠，蔬食自节，清心寡欲，潜心于三藏之中，明达于诸法实相。她居住在弘农北岳林木覆荫的西野，所领徒众很多。在这里，妙相情性怡悦，志向闲旷通达。就这样，她潜身隐居了二十多年。她励精苦行，时间愈久而意志愈坚。每当她说法度人时，常怕听众不能专心致志，有时竟流着眼泪来晓谕他们，因而受她开示点化的人，无不受益匪浅。

晋穆帝永和（公元三四五—三五六年）年间，弘农太守请做七日斋，座上一个未出家的俗士向妙相询问佛法，言语之中隐隐显示出不够谦逊。妙相就正颜作色回答道："你这不仅仅是轻慢我，对太守也是大为不恭。你为何如此轻慢佛法，不珍惜难得的人身呢？"这个俗士羞愧难当，便假托身体不适而告退了。当时在场的僧俗听众，对她无不感叹敬服。

嗣后，妙相身染重病，卧床数日，临死前仍恬然而和悦。她回头对众弟子说："人不论穷达，有生必有死，我今天就要和你们永别了。"话音刚落便离开了人世。

建福寺康明感尼

原典

明感，本性朱，高平人也。世奉大法经[①]。为虏[②]贼所获，欲以为妻，备加苦楚，誓不受辱。谪[③]使牧羊，经历十载。怀归转[④]笃，反途莫由。常念三宝[⑤]，兼愿出家。

忽遇一比丘，就请五戒[⑥]，仍以《观世音经》[⑦]授之。因得习诵，昼夜不休。愿得还家起五层塔，不胜忧念。逃走东行，初不识路，昼夜兼涉。

径入一山，见有斑虎，去之数步。初甚恐懅，少却[⑧]意定。心愿逾至，遂随虎而行，积日弥旬，得达青州。将入村落，虎便不见。至州，复为明伯连所虏。音问至家，夫儿迎赎。家人拘制，其志未谐。苦身勤精，三年乃遂。

专笃禅行[⑨]，戒品无愆。脱有小犯，辄累晨忏悔，要见瑞相，然后乃休。或见雨花，或闻空声，或睹佛像，或夜善梦。年及桑榆[⑩]，操业弥峻，江北子女，师奉如归。

晋太和四年春，与惠湛等十人济江，诣司空公何充[⑪]。充一见，甚敬重。于时京师未有尼寺，充以别宅为之立寺。

问感曰："当何名之？"

答曰："大晋四部[12]，今日始备。檀越[13]所建，皆造福业。可名曰建福寺[14]。"公从之矣。

后遇疾，少时便卒。

注释

①**大法经：**此指佛法。

②**虏：**当时中原对胡族的贬称。

③**谪：**责难、责罚。

④**转：**渐渐。王羲之《杂帖》："知阮生转佳，甚慰！甚慰！"

⑤**三宝：**佛教以佛宝、法宝、僧宝为三宝。佛指佛祖释迦牟尼。法指释迦牟尼传授的教理，也包括后代佛教学者所阐发的佛教教义。僧指释迦牟尼建立的僧团，泛指信奉、弘扬佛教义理的僧众。三宝涵盖了信仰对象、信仰理论、信仰徒众三方面。

⑥**五戒：**佛家五种基本戒律，包括：不杀生、不偷盗、不邪淫、不妄语、不饮酒。

⑦**《观世音经》：**《观音经》。《法华经》卷八第二十五品《观世音菩萨普门品》，单行本俗称为《观音经》，

由鸠摩罗什译出。随着观世音信仰的出现，此经在六朝时影响甚大。

⑧**少却**：稍后。

⑨**禅行**：坐禅之法。

⑩**桑榆**：比喻晚年。曹植《赠白马王彪》诗曰："年在桑榆间，影响不能追。"

⑪**何充**：字次道，庐江人。累官中书令、吏部尚书、骠骑将军，死赠司空。《晋书·何充传》云其"性好释典，崇修佛寺，供给沙门以百数，靡费巨亿而不吝也"。

⑫**四部**：此即"四众"，指构成佛教教团之四种弟子众。又称四部众、四部弟子。即比丘、比丘尼、优婆塞、优婆夷。

⑬**檀越**：施主，此指何充。

⑭**建福寺**：晋中书令何充所建。据《建康实录》卷八引《京师塔寺记》载，晋康帝时建有二尼寺，一为建福寺，一为延兴寺。

译文

明感，俗姓朱，高平（郡治在今山东巨野南）人。世代崇奉佛法。她曾被胡寇所俘获，胡寇想强占她为妻，她备受苦楚，然誓不受辱屈就。胡寇就责罚她去牧羊，前后历时十多年。她思归之情愈来愈强烈，但无由得返。在这磨难中，她每每念及佛、法、僧三宝，同时也想离俗出家，挣脱苦海。

在一偶然机会中，她遇到一位比丘，便向他请求受持五戒。这位比丘就把《观世音经》授予她。她也因此而得以诵读研习，昼夜不停。她发愿若能回家，一定要建一五层宝塔，并为自己无法返回而忧念难堪。终于有一天她脱身出逃，东行而去。开始时一点也不认得路，只是昼夜兼行不止。

一次，她径自入一深山，遇一斑斓大虎，离她仅有数步之遥。她开始时很惊恐，稍后心绪便安定下来了。她求归心切，便随虎而行，相随多日，约有十来天方始到达青州（今山东省青州）。将要进入村落时，老虎就忽然不见踪影了。谁料她到了青州，又被明伯连所虏获。消息传到家里，丈夫、儿子就用钱赎她回家。因家人的拘检限制，她脱俗之愿未能实现。但她苦身行节，精勤不怠，历时三载，家人终于顺遂了她的志向。

出家之后，她潜心笃好禅家坐禅之法，遵从戒范，毫无毁犯。偶或有小犯之处，她就接连忏悔好几个早上，直到见到祥瑞之相，然后才作罢。她所见的瑞相，或是落花成阵，或是空中传响，或是目睹佛像，或是夜呈祥梦。到了晚年，明感修持更严谨，江北善男信女，无不闻风向慕，师奉如归。

晋废帝太和四年（公元三六九年）春，她与惠湛等十人一起渡江，谒见晋司空何充。何充见到她，大为敬重。此时京城尚无供比丘尼修行的寺庙，于是何充就以自己的另一处住宅替她建寺。

寺庙建成之后，何充问她："这个寺应当用什么名字来称呼它？"

明感回答道："晋朝佛制之出家四众——比丘、比丘尼、沙弥、沙弥尼，今日才完备无阙。您所建之寺，正是在兴造福业啊！这个寺可取名为建福寺。"何充对这番话深表赞同，就采纳了这个名字。

后来，明感得了疾病，不久就圆寂了。

北永安寺昙备尼

原典

昙备，本姓陶，丹阳建康人也。少有清信[①]，愿修正法。而无有昆弟，独与母居。事母恭孝，宗党[②]称之。年及笄，嫁徵币弗许，母不能违，听其离俗。精勤戒行，日夜无怠。晋穆皇帝[③]礼接敬厚，尝称曰："久看[④]更佳。"谓章皇后[⑤]何氏曰："京邑比丘尼，鲜有昙备俦也。"

到永和十年，后立寺于定阴里，名曰永安[⑥]（今为何后寺也）。谦虚导物，未尝有矜慢之容。名誉日广，远近投集，众三百人。年七十二，泰元[⑦]二十一年卒。

弟子昙罗，博览经数，机才赡密。敕续师任，更[⑧]立四层塔、讲堂、房宇，又造卧像及七佛龛堂云云。

注释

①**清信**：清净信心。佛门以在家信教的男众为清信士，又称优婆塞（梵文 Upāsaka 的音译）；以在家信教的女众为清信女，又称优婆夷（梵文 Upāsikā 的音译）。

②**宗党**：同宗、同乡之人。

③**晋穆皇帝**：司马聃，字彭子，晋康帝之子，晋建

元二年即位，改元永和、升平，在位十三年。尚佛，多建佛寺，其时京城尼寺得其资助者甚多。

④**看**：接待、相处。敦煌变文《下女夫词》：“贼来须打，客来须看。”《维摩诘经讲经文》：“山林中无可交恭，幽室内惭亏看侍。”

⑤**章皇后**：姓何，散骑侍郎何准女，穆帝升平元年立为皇后。桓玄篡位，降为零陵县君。与当时著名尼僧时有交往。

⑥**永安**：北永安寺。为晋穆帝章皇后所建，晋时著名尼寺，又名何后寺。慧远姑等居于此。《南史》卷二十九载，刘宋时官宦多出入此寺。

⑦**泰元**：应为“太元”。

⑧**更**：重新、另。

译文

昙备，俗姓陶，丹阳建康（今江苏南京）人。她年幼时就有清净信念，颇愿修行佛门正法。因没有兄弟，她就独自与母亲住在一起。侍奉母亲甚为恭敬孝顺，赢得了同宗、同乡人的赞誉。到了婚嫁之年，因聘礼问题借故不出嫁，母亲也无法阻止，只得听从她离俗出家。出家之后，她修行精勤，戒行严整，闲晨静夜，从不懈息。晋穆帝对她以礼相待，分外敬重，曾称赞说：“和她相处愈久愈觉得她德行高洁。”又得章皇后何氏赞叹说：“京城中的比丘尼，很少有能跟昙备尼相匹比的人。”

到了晋穆帝永和十年（公元三五四年），章皇后在京城定阴里为她建了一座寺庙，取名为北永安寺。昙备待人谦虚，谆谆善诱，从未有过矜持傲慢的仪容举止，故而美誉日日远播，远近信众纷纷来归，一时之间，投归信众竟达三百人之多。她享年七十二，于晋孝武帝太元二十一年（公元三九六年）圆寂。

其弟子昙罗，博览群经，天性高放，才情富赡。皇上下令让她接替昙备之任，并为她另造了四层宝塔和讲堂、房宇，又造了卧佛像与七佛龛堂。北永安寺因此而更加隆盛。

建福寺惠湛尼

原典

惠湛，本姓任，彭城人也。神貌超远，精操殊特，渊情旷远，济物[1]为务。恶衣蔬食，乐在其中。

尝荷衣[2]山行，逢群劫[3]欲举刃向湛，手不能胜。因求湛所负衣，湛欢笑而与曰："君意望甚重，所获殊[4]轻！"复解其衣里新裙与之。劫即辞谢，并以还湛。湛舍之而去。

建元二年渡江，司空何充大加崇敬，请居建福寺住云云。[5]

注释

①**济物**：爱物惜生。这里指立志善德，普度众生。

②**荷衣**：负衣，肩扛衣服。

③**劫**：强盗。《世说新语·自新篇》："陆机赴假归洛，辎重甚盛。渊使少年掠劫，渊在岸上，据胡床指麾左右，皆得其宜。渊既神姿锋颖，虽处鄙事，神气犹异。机于船屋上遥谓之曰：'卿才如此，亦复作劫邪？'"

④**殊**：程度副词，犹言极、甚。江总《明庆寺诗》：

“名山极历览，胜地殊留连。”

⑤此处记载惠湛尼“建元二年（公元三四四年）渡江，司空何充大加崇敬”(《大正》五十·页九三六上)；而本卷《康明感尼传》谓“太和四年（公元三六九年）春，与惠湛等十人渡江，诣司空公何充”，而这两次，何充都因崇敬而请住建福寺内，可见，二处所载其实只是一次，然前后相差竟然有二十五年，疑有舛误。

译文

惠湛，俗姓任，彭城（今江苏徐州）人。她神情风貌超迈飘逸，精神操守卓异绝伦，道念坚毅，情深意远，唯以弘法利生为己任。她虽粗衣淡饭，但仍怡然自适，乐在其中。

一次，惠湛在山中负衣而行，忽然遇到一帮强盗，他们举着刀威胁惠湛，但未能得逞。于是又向惠湛索取她所负之衣。惠湛欢笑着把衣服给了他们，并说道：“你们的期望太大，而所获却很小。”于是又解下新的裙子递给他们。这帮强盗羞愧难当，当即推辞，并连同衣服一起归还给了惠湛。惠湛丢下衣裙，独自走开了。

晋康帝建元二年（公元三四四年），惠湛渡江，司空何充对她大加崇敬，便延请她居住在建福寺内。

延兴寺僧基尼

原典

僧基，本姓明，济南人也。绾发[1]志道，秉愿[2]出家。母氏不听，密以许娉，秘其聘礼。迎接日近，女乃觉知，即便绝粮，水浆不下。亲属共请，意不可移。至于七日，母呼女婿。婿敬信，见妇殆尽，谓妇母曰：“人各有志，不可夺也。”母即从之，因遂出家，时年二十一。

内外亲戚，皆来庆慰，竞施珍席，争设名供。州牧给伎[3]，郡守亲临，道俗咨嗟[4]，叹未曾有。

基净持戒范，精习经数[5]，与昙备尼名辈[6]略齐。机枢[7]最密，善事议秉，皇帝[8]雅相崇礼。

建元三年[9]，皇后褚氏[10]为立寺于都亭旦运巷内，名曰延兴[11]。基居寺住，徒众百余人。当事清明，道俗加敬。年六十八，隆安元年卒。

注释

①**绾发**：盘发、结发，即束发也，喻少年。古代女子成年时有结发的习俗。

②**秉愿**：立下誓愿。

③**伎**：通“妓”，即歌舞妓乐。

④**咨嗟**：赞叹、叹赏。《世说新语·文学》：“郭陈张甚盛，裴徐理前语，理致甚微，四座咨嗟称快。”

⑤**经数**：此指佛教经典。

⑥**名辈**：名望、辈分。

⑦**机枢**：机杼，指内心用意运思。《魏书·祖莹传》：“文章须自出机杼，成一家风骨。”

⑧**皇帝**：此指东晋康帝。康帝，名司马岳，字世同。成帝母弟。咸和元年封吴王，二年又封琅玡王。咸康八年即位，次年改元建元，在位二年。

⑨**建元三年**：东晋康帝建元年号仅二年，他本作“建元二年”。

⑩**皇后褚氏**：征北将军褚裒女，康帝为琅玡王时，纳为妃，及康帝即位后，立为皇后。穆帝即位，尊为皇太后。及简文帝即位，仍临朝干政。好佛，东晋时著名尼僧多和她有交往。

⑪**延兴**：寺名。晋康帝之褚皇后于建元二年建，在建康城内，当时景况颇隆盛，寺中尼众数百人。《建康实录》卷八谓此寺为康帝时的主要尼寺。

译文

僧基，俗姓明，济南人。成年时立志于道，并立下誓愿，要出家以解脱凡俗的牵累。她母亲不允许，就暗中把她许配给人，又将聘礼藏了起来。迎亲的日子一天天临近，僧基这才有所察觉，她当即绝食，滴水不沾。亲属纷纷劝阻她，但僧基意志坚定，不可移易。绝食、绝水到了第七天，母亲想喊女婿来劝劝她。但此人乃恭敬信义之人，见僧基差不多快要死了，便向她母亲说道："人各有志向，难以强夺移易。"她的母亲不得已，就只好顺从女儿的意愿。僧基这才得以出家，当时二十一岁。

她出家的消息传出后，家中内亲外戚都来祝贺，争着为她铺美席、设佳供。州郡长官有的送来歌舞伎乐，为其庆祝；有的亲自前来，为她送行。而佛门内外的人都为这送行的场面赞叹不已，认为这是从未有过的盛事。

僧基操行洁净，严守戒律，精研佛典经籍，与昙备尼名望辈分大致相等。她运思细密，毫发不爽，又长于谋略策划，因此，晋康帝很尊敬她，对她优礼有加。

康帝建元年间，褚皇后为她在都亭旦运巷内建了一座寺院，取名为延兴寺。僧基住在寺内，领徒众一百多人。她断事清明，深受道俗的敬重。僧基于晋安帝隆安元年（公元三九七年）圆寂，享年六十八岁。

洛阳城东寺道馨尼

原典

竺道馨，本姓杨，太山人也。志性专谨，与物无忤。沙弥[①]时，常为众使，口恒诵经。及年二十，诵《法华》[②]《维摩》[③]。具足戒[④]行，后研求理味[⑤]，蔬食苦节，弥老弥励。

住洛阳东寺，雅能清谈[⑥]，尤善《小品》[⑦]。贵在理通，不事辞辩。一州道学[⑧]，所共师宗。比丘尼诵经[⑨]，馨其始也。

晋泰和中，有女人杨令辩，笃信黄老，专行服气[⑩]。先时人物，亦多敬事。及馨道王，其术寝亡。令辩假结同姓，数相去来，内怀妒嫉，伺行毒害。

后窃以毒药内[⑪]馨食中，诸治不愈。弟子问往谁家得病，答曰："我甚知主，皆籍业缘[⑫]，汝无问也。设[⑬]道有益，我尚不说，况无益耶？"不言而终。

注释

①**沙弥：**指佛教僧团中，已受十戒，未受具足戒，年龄在七岁以上而未满二十岁之出家男子。同此，出家

女子称沙弥尼。

②**《法华》**：《妙法莲华经》。

③**《维摩》**：《维摩诘所说经》。据宋智圆《维摩经略疏垂裕记》载，自汉至唐，共有六种译本（《大正》三十八·页七一五中），其中以姚秦鸠摩罗什所译名为《维摩诘所说经》流传最广。全经共十四品，是大乘佛教的重要典籍。

④**具足戒**：指比丘、比丘尼所应受持之戒律；因与沙弥、沙弥尼所受十戒相比，戒品具足，故称具足戒，受持具足戒即正式取得比丘、比丘尼之资格。一般言之，比丘戒有二百五十戒，比丘尼戒有三百四十八戒。

⑤**理味**：佛理奥义。

⑥**清谈**：晋时尚清谈，谈玄说道，蔚为士人的一种风气。此处清谈似指宣讲佛理。

⑦**《小品》**：（佛家《般若经》有大小品之分，详者为大品，略者为小品。）此指《小品般若经》，乃与《大品般若经》所说之法大要相同，因对大品，以其卷帙较少，故称小品。凡十卷二十九品，乃鸠摩罗什于四〇八年所译，为大乘佛教最初期说般若空观的基础经典之一。

⑧**道学**：习道之士。此指崇佛之人。

⑨**比丘尼诵经**：宋赞宁《大宋僧史略》卷上，列东晋太和元年道馨尼讲经，为比丘尼讲经之始。（《大正》

五十四·页二三九中）

⑩**服气**：也作“食气”，道家修炼法。

⑪**内**：“纳”的古字。

⑫**业缘**：佛教术语。指善业生善果、恶业生恶果的因缘。《法华经·序品》：“诸世界中六道众生，生死所趣，善恶业缘，受报好丑，于此悉见。”

⑬**设**：假使、假若。

译文

竺道馨，俗姓杨，太山人。她志向专一，秉性严谨，待人接物，亲近无碍。受戒出家为沙弥尼时，常为众人所役使，她并无怨言，口里总是诵读佛经。及至二十岁，她诵习《法华经》《维摩诘经》。受持具足戒以后，她精心研究探求佛理奥义，平素能蔬食苦行，不曾一日懈怠，年龄愈增，志向愈坚。

她居住在洛阳东寺，善于清谈，宣议佛理，对《小品般若经》又非常擅长讲说。诵阅佛经时，她重在理解佛理，使内在脉络秩然贯通，而不是停留在玩味外在的辞采巧辩上。因而一州崇佛之士，都师从她、崇尚她。由于她精通佛理，并开庭宣讲，中国历史上比丘尼诵经，也就是从她开始的。

晋废帝太和（公元三六六—三七一年）年间，有一女子叫杨令辩，她笃信黄老之术，专行道家修养法。先前人们也大多敬重侍奉她。但是道馨讲学兴盛之后，杨令辩的法术也就渐渐消歇了。杨令辩借同姓之便，与她来往频繁，暗中却深藏嫉妒之心，想伺机下毒害死她。

后来，她果然找到了一个机会，暗地里把毒药放到了竺道馨的食物中。道馨服下毒药后，想尽方法予以医治，但全无效果。她的弟子问她去哪家而得此怪病，她答道："我知道我得此病的缘由，善恶因缘、生死命运都由前世命定，你们就不要再追问了。纵令对我有益的事，我都没有表白，何况今天遇到这种无益之事，又有什么可说的呢？"于是她默然而终。

新林寺道容尼

原典

道容，本住历阳乌江寺。戒行精峻，善占吉凶，逆[①]知祸福，世传为圣。

晋明帝[②]时，甚见敬事，以花布席下验其凡圣，果不萎焉。

及简文帝[③]，先事清水道师，道师京都所谓王濮阳也。第内为立道舍。容亟[④]开导，未之从也。后帝每入道屋，辄见神人为沙门形，满于室内。帝疑容所为也，而莫能决。

践祚[⑤]之后，乌巢太极殿。帝使曲安远筮之，云："西南有女人师，能灭此怪。"帝遣使往乌江迎道容，以事访[⑥]之。

答曰："唯有清斋七日，受持八戒[⑦]，自当消弭。"帝即从之，整肃一心，七日未满，群乌竞集，运巢而去。

帝深信重，即为立寺，资给所须。因林为名，名曰新林。即以师礼事之，遂奉正法。往后晋显尚佛道，容之力也。

建孝武[⑧]时，弥相崇敬。太元中，忽而绝迹，不知所在。帝敕[9]瘗[10]其衣钵，故寺边有冢云云。

注释

①**逆**：迎也。此指预见、预知。

②**晋明帝**：司马绍，元帝长子。元帝为晋王时，立为晋太子，永昌元年即位，改元太宁，在位三年。

③**简文帝**：司马昱，元帝少子。永昌元年封琅邪王，咸和元年徙封会稽王，太和六年即位，改元咸安，在位二年。他崇尚佛学，对东晋佛学的发展起了重要作用。

④**亟**：屡屡、数次。

⑤**践祚**：又作“践阼”，即帝王登基。《史记·燕召公世家》：“成王既幼，周公摄政，当国践祚。”

⑥**访**：咨询。《左传·僖公三十二年》：“穆公访诸蹇叔。”

⑦**八戒**：八关斋戒。其内容包括：不杀生、不偷盗、不淫、不妄语、不饮酒、不以华鬘装饰自身及不歌舞观听、不坐卧高广华丽床座、不非时食。

⑧**建孝武**：应指晋孝武帝，“建”乃“晋”之讹。司马曜，简文帝第三子，兴宁三年封会稽王，咸安二年即位，改元宁康、太元，在位二十四年。京中尼寺多得其助益，后为张贵人所杀。“建”,《大正藏》本作“逮”。

⑨**敕**：帝王的诏命。

⑩**瘗**：埋葬。

译文

道容，本来居住在历阳（今安徽和县）乌江寺。她谨守戒品，用意精进，善于占吉卜凶，能预知人世祸福，因而世人都把她传为圣人。

晋明帝时，她颇受皇上的敬重和侍奉。明帝曾让人将一束花铺放在她的席子下，想以此验证她是凡庸还是贤圣。结果花在席下竟鲜活如前，一点也没有枯萎。

到了简文帝时，出现了一件怪事，情况是这样的：简文帝当初很迷恋道教之术，侍奉一位号称清水道师的人，此人就是京城人所说的王濮阳。简文帝在宫内为他立了道观。道容对此深不以为然，曾多次加以开导和劝谏，但简文帝并没有听从她的话。嗣后，简文帝每次走入道观，总是看到神人幻化成僧徒的模样，而且满屋子都是。简文帝疑心是道容所捣的鬼，但又不能确定。

登基之后，又出现了乌鸦在太极殿上筑巢的怪事。于是简文帝便让卜师曲安远卜筮。曲安远说："西南方向有一道行高深的女子，她能消除此怪。"简文帝立刻想到道容，就专使前往西南方向的乌江寺，去迎接道容。道容迎来之后，简文帝把太极殿出现的怪事原原本本说了出来，向她讨教。

道容回答说：“你只要斋戒七天，谨守八关斋戒，此怪自会消除。”简文帝听从了她的话，斋戒沐浴，净心凝神，未满七天，成群的乌鸦争相飞来，把鸟巢运走了。

这事使简文帝对她深为信任和敬重，于是为她造了一座尼寺，并供养她所需之物。寺庙落成之后，又根据它坐落的那片山林，替它取名为新林。简文帝用对待老师的礼节来侍奉她，并从此捐弃道术，敬奉佛法。此后，显扬崇尚佛道成了东晋的世风，这种世风的形成，正仰仗于道容的力量。

晋孝武帝时，道容更受崇敬。东晋太元（公元三七六—三九六年）年间，她忽然行踪隐遁，不测所往。孝武帝就传旨埋葬她的衣钵，据说新林寺有一坟墓，正是这一缘故。

司州寺令宗尼

原典

令宗，本姓满，高平金乡人。幼有清信，乡党称之。家遇丧乱，为虏所驱。归诚慊至[①]，称佛、法、僧，诵《普门品》[②]，拔除其眉，托云恶疾[③]，为求诉得放。

随路南归，行出冀州，复为贼所逐。登上枯树，专诚至念。捕者前望，终不仰视。寻索不得，俄尔而散。宗下复去，不敢乞食，初[④]不觉饥。

晚达孟津，无船可济。慞遑[⑤]忧惧，更称三宝。忽见一白鹿，不知所从来，下涉河流，沙尘随起，无有波澜。宗随鹿而济，曾[⑥]不沾濡，平行如陆，因得达家。

仍[⑦]即入道，诚心冥诣，学行精恳，开览经法[⑧]，深义入神。晋孝武闻之，遣书通问。后百姓遇疾，贫困者众，宗倾资赈给，告乞人间，不避阻远，随宜[⑨]赡恤，蒙赖甚多。忍饥勤苦，形容枯悴。

年七十五，忽早召弟子，说其夜梦："见一大山，云是须弥[⑩]。峻峰秀绝，高与天连。宝饰庄严，晖曜烂日；法鼓铿锵，香烟芬馥。语令吾前，愕然惊觉。即体中忽有异于常，虽无痛恼，状如昏醉。"同学道津曰："正当是极[11]耳！”交[12]言未竟，奄忽迁神。

注释

①**慊至**：慊，满足。《庄子·天运》：“尽去而后慊。”注：“慊，苦牒反，足也。”慊至，意为凝神于一。

②**《普门品》**：《观世音菩萨普门品》，属《妙法莲华经》的第二十五品。观世音信仰流行后，它从汉文译本中分出而单行，成为当时佛门诵念的主要经籍。先西晋竺法护本只有长行，至后秦（姚秦）鸠摩罗什译本、隋补译本才有重颂。

③**恶疾**：难以治愈的疾病。

④**初**：表示程度少，一点也不。

⑤**慞遑**：慌慌张张、恐惧。

⑥**曾**：竟、乃、则。

⑦**仍**：乃（于是）。《史记·淮南衡山列传赞》：“专挟邪僻之计谋为畔逆，仍父子再亡国，各不终其身。”

⑧**经法**：释尊所说之一切教法均称“经”；经所诠释、阐扬之教，称经法。《无量寿经》下：“听受经法，欢喜无量。”（《大正》十二·页二七三下）

⑨**随宜**：佛教术语，随众生根机之所宜也。此处引申为随其所需。

⑩**须弥**：意译作妙高山。原为印度神话中之山名，佛教之宇宙观沿用之，谓其为耸立于一小世界中央之高山。以此山为中心，周围有八山、八海环绕，而形成一世界，即须弥世界。

⑪**极**：通常以“往生”为“死”之代用词。至弥陀净土之说盛行后，指受生极乐世界。又解（《文选》中刘峻的《辨命论》）天命有至极。（注）良曰：“极”，崖也。又指“涅槃”，乃超越生死（迷界）之悟界，亦为佛教终极之实践目的。

⑫**交**：交互、相互。阮籍《咏怀》：“走兽交横驰，飞鸟相随翔。”

译文

令宗，俗姓满，高平金乡（今山东金乡）人。她自幼就有清净信念，谨依善道，不染俗情，颇受乡里人的推崇。后家中遇到丧乱，她不幸被虏寇所追逐。被困中，令宗归诚一心，系念三宝功德，并诵读《观世音菩萨普门品》，又拔去眉毛，假托得了难以治愈的疾病，向他们诉苦，于是才获释得归。

她顺着大路一直往南走，将离开冀州（在今山西境内）时，又遭逢到另一伙寇贼的追逐。仓皇中，她爬上枯树，专诚一念，祈求保佑。追捕的人只管往前看，始终没有朝树上望而发现到她。这帮人因找不到她，不久便离开了。令宗从树上下来，又继续赶路。她怕再遭不测，不敢向人乞讨食物，奇怪的是她竟然一点也不觉得饿。

向晚时，她来到孟津（今河南孟县境内），因一河阻隔，河面上无船可以过渡，在此惊惶忧虑之际，她又忆念起佛、法、僧三宝，以求庇佑。念着念着，她忽然看见一只白鹿，它不知从何而来，径自下水过河，但见泥沙扬起，却不见波澜起伏。令宗随它过河，身上竟无沾濡。她安然渡河，如履平地，并顺利地到了家。

经历此番奇遇之后，令宗道念更坚，于是就皈依佛门，剃度出家。入道后，她诚心奉佛，受持读诵，精进勤恳，潜心研求佛法，掘其内在奥义而有所体会。晋孝武帝听说后，就写信给她，互通音问，以研佛理。后来百姓又遇到灾病，很多人家境清苦，贫困难支，令宗就尽其所有，予以救济。只要是需要救济，不论路途多么艰难、遥远，她都在所不辞。由于她因需施助，善于体恤，很多贫病者终于度过了这场灾难。令宗自己却忍饥挨饿，辛劳奔涉，致使面容枯槁憔悴。

七十五岁那年，她忽然在一天清晨召集弟子，述说了她在夜里所做的一个梦："昨夜我梦见一座大山，它据说正是须弥山，只见它峰峻耸绝，高与天接。山上宝饰庄严，灵光朗照，使丽日增辉；又见法鼓铿锵，香烟缭绕，清芬缕缕不绝。忽然山中传语，令我前去参拜。梦至此告终，我愕然惊觉。醒后就感到体内充溢着一种不同寻常的感觉，它无痛无恼，昏昏沉沉，犹如昏醉一般。”如此述说之后，她的同修道津说：“这也许就是预兆将往生（圆寂）吧。”她俩谈话未完，令宗就猝然入化。

简静寺支妙音尼

原典

妙音，未详何许人也。幼而志道，居处京华，博学内外[①]，善为文章。晋孝武帝、太傅会稽王道子[②]，并相敬奉。每与帝及太傅、中朝学士[③]谈论属文[④]，雅有才致，借甚有声。

太傅以太元十年，为立简静寺，以音为寺主，徒众百余人。一时内外才义者，因之以自达。供䞋[⑤]无穷，富倾都邑，贵贱宗事，门有车马日百余乘。

荆州刺史王忱[⑥]死，烈宗[⑦]意欲以王恭[⑧]代之。时桓玄[⑨]在江陵，为忱所折挫，闻恭应往，素又惮恭。殷仲堪[⑩]时为黄门侍郎[⑪]。玄知殷仲堪弱才，亦易制御，意欲得之，乃遣使凭妙音尼为堪图州。

既而[⑫]烈宗问妙音："荆州缺，外闻云谁应作者？"

答曰："贫道出家人，岂容及俗中论议？如闻内外谈者，并云无过殷仲堪，以其意虑深远，荆楚所须。"

帝然之，遂以代忱。权倾一朝，威行内外云云。

注释

①**内外**：佛门内外，言支妙音既谙内典，又兼通诸子百家之学。

②**会稽王道子**：简文帝子，封会稽王，累官徐州刺史、太子太傅等。《晋书·简文三子传》谓："于时孝武帝不亲万机，但与道子酣歌为务，姏姆尼僧，尤为亲昵，并窃弄其权。"（《大正藏》本作"会稽王道孟颉等"。）

③**中朝学士**：朝廷中学问渊博的文人士大夫。

④**属文**：连缀成文，即写文章。

⑤**供䞋**：意译为财施。主要指布施之金银财物等。

⑥**王忱**：晋骠骑长史，与王恭、王珣俱流誉一时，出为荆州刺史、都督荆益宁三州军事、建武将军、假节。《晋书》列传四十五谓其"性任达不拘，末年尤嗜酒，一饮连月不醒，或裸体而游，每叹三日不饮，便觉形神不相亲"。

⑦**烈宗**：晋孝武帝。

⑧**王恭**：字孝伯，光禄大夫王蕴子，官中书令、太子詹事等。仪态庄严，时人谓之"濯濯如春月柳"。

⑨**桓玄**：字敬道，桓温之子，袭父爵为南郡公，安帝时为江州刺史，都督荆江等八州军事，元兴年间，攻入建康，后为冯迁所杀。

⑩**殷仲堪：**陈郡人，为当时著名清谈之士。官黄门侍郎等。

⑪**黄门侍郎：**秦汉黄门官，晋因之。《通典·职官三》：“凡禁门黄闼，故号黄门，其官给事于黄闼之内，故曰黄门侍郎。”

⑫**既而：**犹“已而”“寻而”，随后、不久。

译文

妙音，不知是何处人。年幼时就热衷于佛道。她居住在京城，博学佛门内外的典籍，又擅长于铺陈辞采，撰写文章。晋孝武帝、太傅会稽王司马道子都很敬重侍奉她。妙音每次和孝武帝、司马道子以及中朝学士谈论结撰文章，都显得才情勃发，妙思入微，她也因此而颇负盛名。

太元十年（公元三八五年），太傅为她营建了简静寺，并任她为寺主，领有徒众百余人。当时朝廷内外有才德的人，无不欢喜亲近她，借此通达佛法。众人的供养源源不断，财富之多称冠于都邑之中。一时间，无论在朝在野、是贵是贱，都无不钦仰崇奉她。她所居的寺门前也盛况空前，每天都停有车马百余乘。

荆州刺史王忱死后，孝武帝想让王恭去接替他的职位。当时桓玄在江陵（在今湖北中部），曾为王忱所挫败，听到王恭要来任职，而他又素来畏惧王恭。这时殷仲堪任黄门侍郎，桓玄知道他是个弱才，容易控制，就一心想让他代行王忱之职。于是桓玄便派使者去妙音尼处，想凭借她的势力为殷仲堪谋取荆州刺史的职位。

不久，孝武帝向妙音询道："眼下荆州刺史是个缺额，你在外面听说谁应当接替这个职位？"

妙音回答说："贫尼是出家的人，又岂能在俗众当中妄加评议？但倘要问朝廷内外谈论者的看法，那我倒是有所耳闻。他们都一致说殷仲堪最堪此任，因为他谋深虑远，正是荆楚重镇不可或缺的人选。"

孝武帝听了这番话后，觉得她所言极是，便让殷仲堪接替了王忱的职位。由此也不难看出，妙音在当时确实是权重一朝、威行内外的人物。

何后寺道仪尼

原典

道仪，本姓贾，雁门楼烦人，惠远[①]姑也。出适同郡解直，直为浔阳令，亡。

仪年二十二，弃舍俗累，披着法衣。聪明敏哲，博闻强记，诵《法华经》，讲《维摩》《小品》[②]，精义达理，因心独悟。戒行高峻，神气清邈。

闻中畿[③]经律[④]渐备，讲集[⑤]相续，晋泰元末至京师，住何后寺[⑥]。端心律藏，妙究精微。身执卑恭，在幽不惰。衣裳粗弊，自执杖钵，清散无矫[⑦]，道俗高之。

年七十八，遇疾而笃，执心弥励，诵念无殆。弟子请曰："愿加消息[⑧]，冀蒙胜损。"答曰："非汝所宜。"言绝而卒。

注释

①**惠远：**应是"慧远"（公元三三四—四一六年）。释道安弟子，俗姓贾，雁门楼烦人。为我国净土宗初祖。出家后居庐山东林寺传法，弟子甚众。在此讲经说法，且致力经典研究，常慨叹江东之地，经典未备，禅法不

闻，遂命弟子法净、法领等，远寻众经以传译之。后创立白莲社，专以净土念佛为修行法门，三十余年未曾出山。师内通佛理，外善群书，为当代所宗。

②**《维摩》《小品》**：《维摩诘所说经》和《小品般若经》。

③**中畿**：京都。

④**经律**：三藏中之经藏和律藏，这里用以代指经、律、论三藏。

⑤**讲集**：讲经说法之场所。

⑥**何后寺**：前言之北永安寺。

⑦**矫**：矫饰、矫情。

⑧**消息**：调养。《晋书·华峤传》："太康末，武帝颇亲宴乐，又多疾病。属小瘳，峤与侍臣表贺，因微谏……帝诏报曰：'辄自消息，无所为虑。'"

译文

道仪，俗姓贾，雁门楼烦（今山西宁武附近）人，是慧远的姑妈。她嫁给同郡的解直，解直曾任浔阳（今江西九江）县令，后来亡故。

二十二岁时，道仪舍弃凡俗之累，披上法衣，成了一个出家的尼僧。她生性聪颖敏慧，又见多识广，记忆超群，诵习《法华经》，宣讲《维摩》《小品般若经》，均能精思入微，畅达义理，凭心独悟，无复依傍。她恪守戒律，神清气洁，格制高远。

后闻京都经律渐臻完备，讲经说法之场所迤逦相接，于是就在晋孝武帝太元（公元三七六—三九六年）末年来到京都，定居在何后寺中。在这里，她潜心律藏，研味其精义妙旨。平素举止温恭而谦逊，即使是在独处时也从不怠惰。她衣着粗弊，不求华美，手执杖、钵，清散无矫，故而深受佛门内外的尊崇。

七十八岁时，她患了疾病，病情逐日加重，但道心更坚，厉行更峻，诵念佛经，从无懈怠。她的弟子请求说："望能多加调养，或能减轻病情。"她回答说："这不是你们所应请求的事啊！"她话音刚落，就溘然去世了。

3 宋

景福寺慧果尼

原典

慧果，本姓潘，淮南人也。常行苦节，不衣绵纩[①]；笃好毗尼[②]，戒行清白。道俗钦羡，风誉远闻。宋青州刺史北地传[③]弘仁，雅相叹赏，厚加赈给。

以永初三年（昙宗[④]云：元嘉七年，寺主弘安尼以起寺，愿借券书见示永初三年），割宅东面为立精舍[⑤]，名曰景福寺。以果为纲纪[⑥]。赡遗[⑦]之物，悉以入僧。众业兴隆，大小悦服。

到元嘉六年，西域沙门求那跋摩[⑧]至，果问曰："此土诸尼，先受戒者，未有本事[⑨]。推之爱道[⑩]，诚有高例[11]。未测厥后，得无异耶？”

答曰：“无异。”

又问：“就如律文，戒师[12]得罪[13]，何无异耶？”

答曰：“有尼众处，不二岁学[14]，故言得罪耳。”

又问：“乃可此国先未有尼，非阎浮[15]无也。”

答曰：“律制十僧得受具戒[16]，边地[17]五人亦得授之。正为有处，不可不如法耳。”

又问：“几许里为边地？”

答曰：“千里之外，山海艰阻隔者是也。”

九年，率弟子慧灯等五人，从僧伽跋摩[18]重受具戒，敬慎奉持，如爱顶脑。

春秋七十余，元嘉十年而卒。[19]

弟子慧意、慧铠，并以节行闻于时也。

注释

①**绵纩**：丝绵絮，用以纳之衣内以御寒。这里用以代指质地好的衣服。

②**毗尼**：或译毗奈耶，梵文 Vinaya 的音译，意为律藏。《楞严经》云：“严净毗尼，弘范三界。”（《大正》十九·页一〇六中）疏云：“毗尼，此云善治，亦即云律。”（《楞严经正脉疏》卷一）

③**传**：《大正藏》“传”应为“傅”之讹。

④**昙宗**：宋齐（南朝）时沙门。曾著《京师塔寺记》，述及当时建康城内寺庙数百所，为研究六朝寺院经济的重要资料。宝唱《比丘尼传》于此书颇多取资。

⑤**精舍**：寺院，修行的道场。

⑥**纲纪**：此指寺主，统管一寺之事。

⑦**䞋遗**：供养、䞋施。

⑧**求那跋摩**：刘宋时著名佛经译者，中天竺系罽宾人。本刹帝利种，累世为王，经由师子国来中土，初至广州，后宋文帝迎至京都，住祇洹寺，主持译场，据《开元录》载，其共译经十部、十八卷。（《大正》五十五·页五二六上）

⑨**本事**：佛教术语，原指佛陀及佛弟子在过去世之因缘事迹。这里指佛教戒律对比丘尼戒品的原来要求。如比丘尼受具足戒，必须先后从比丘、比丘尼二众受戒，受戒戒师分别为十人等。《高僧传》卷三，引求那跋摩云：“戒法本在大僧众发，设不本事，无妨得戒。”（《大正》五十·页三四一中）

⑩**爱道**：又名大爱道，乃释迦牟尼佛之姨母。她是佛教中的第一个比丘尼，以她为中心，建立了第一个比丘尼僧团。后人将其推为比丘尼之始祖。

⑪**诚有高例**：据载，佛姨母大爱道求出家，佛不

许，因为正法可千年，若度女人，则减五百年。阿难为大爱道三请，佛于是传八敬法，使向姨母说，若能行之，则听之出家。八敬法又称八敬戒：一、百岁之比丘尼见新受戒之比丘，亦应起身礼拜。二、比丘尼不得骂谤比丘。三、比丘尼不得说比丘过失，但比丘则可以说比丘尼过失。四、学法女应从众僧求受大戒。五、比丘尼犯僧残罪，应于半月内在二部僧中行摩那埵。六、比丘尼当于半月中从僧求乞教授。七、比丘尼不应于无比丘处夏安居。八、比丘尼夏安居毕，应于比丘僧中求三事以自恣忏悔。后大爱道果然行此八敬戒法，佛允其出家。此处所言爱道之高例，即指此。

⑫**戒师**：受戒之师。比丘、比丘尼受具足戒要有十戒师，人称三师七证，三师为：戒和尚、羯磨师、教授师，七证为证明受戒之七位莅会比丘。

⑬**得罪**：指有缺失。

⑭**二岁学**：依《五分律》，比丘尼受具足戒之三百余戒品中，有二岁学戒。

⑮**阎浮**：或译阎浮提，乃梵文 Jambudvīpa 之译。在须弥山之南，其地盛产阎浮树，因以为名。指我等所居住之世界。

⑯**受具戒**：受具足戒。

⑰**边地**：比丘、比丘尼受具足戒必有三师七证之十

戒师。据《行事钞》卷上三云：为求方便，边地可以减少到三师二证，共五人。(《大正》四十·页二十四下)

⑱**僧伽跋摩**：天竺人。据《高僧传》卷三载，他于宋元嘉十年（公元四三三年）至京师，时号三藏法师，住道场寺，为当时著名戒师，京城僧尼从其受戒者达数百人。(《大正》五十·页三四二中)

⑲关于慧果重受具足戒的时间，本尼传谓于宋元嘉九年，“从僧伽跋摩重受具戒”，而本卷《宝贤尼传》谓慧果、妙音“以元嘉十一年从僧伽跋摩于南林寺坛重受具戒”(《大正》五十·页九四一上)。二处所记时间不一，必有一误。宋赞宁《僧史略》卷上引《萨婆多师资传》云：“宋元嘉十一年春，师子国尼铁索罗等十人，于建康南林寺坛上，为景福寺尼慧果、妙音等二众中受戒法事，十二日度三百余人，此方尼于二众受戒，慧果为始也。”此亦谓元嘉十一年。据《高僧传》卷三《僧伽跋摩传》谓其于元嘉十年至京师（《大正》五十·页三四二中），为比丘尼受戒定在这之后。故本尼传说慧果于元嘉九年从僧伽跋摩受戒，显系误记。而元嘉十一年较近其实。另，关于慧果卒年，本尼传谓其于“元嘉十年而卒”(《大正》五十·页九三七下)，而慧果于元嘉十一年重受具足戒，由此可断定此卒年系误记。

译文

慧果，俗姓潘，淮南（今安徽寿县）人。她安贫乐道，苦节自励，不穿丝绵之衣，而热衷佛门戒律，自觉秉持戒范，戒行莹洁无染。因此，佛门内外都很敬慕她，她的芳声美誉也愈传愈广。宋青州（今山东青州）刺史北地（今属甘肃）傅弘仁，对她十分叹赏，瞡施也相当丰厚。

宋武帝永初三年（公元四二二年），傅弘仁布施自己东面的宅第为她建了一座精舍，取名为景福寺。寺建成之后，又让慧果出任寺主。当时人们施给的物品很多，她全都用于佛事，不曾染有分毫。故而，景福寺事业兴隆，寺内老老少少也无不对她欣然折服。

宋文帝元嘉六年（公元四二九年），来了一位西域僧徒求那跋摩，慧果向他询问说："我们这里以前的尼僧，其受戒的程序，未按照佛经上所要求的那样做，如：未从僧尼二众受具足戒，受戒戒师不足十人。而推之于西域比丘尼始祖——佛陀的姨母大爱道，确实在受戒上有很严格的要求，如佛曾让她行八敬法。但不知从她以后，戒法是否可以变通而有所不同？"

答曰："不能有所变化。"

慧果又问道："按照戒律的规定，戒师若有过失，为什么没有什么不同呢？”

求那跋摩答道：“在众多比丘尼的地方，戒师如不能授二岁学戒，戒法不全，这就是戒师的过失。”

慧果进而又问：“我们这里以前没有比丘尼，并不是世界上都没有，也不是我们这里非佛光所照的地方，是不是？”

求那跋摩答道：“按照戒律规定，受具足戒必须要有十位授戒的比丘，所谓‘三师七证’。但边远地方因人烟稀少，地势偏僻，为求方便，五位戒师也可授戒。但如果那里条件具备，比丘较多，就必须遵从十人受戒的戒法。”

慧果又问：“那么多少里之外才可以算作边地呢？”

求那跋摩说：“千里之外，关山重重，道路阻隔，那就叫作边地。”

听了此言，慧果坚定了要重受具足戒的决心。宋元嘉九年（公元四三二年），她率领弟子慧灯等五人，从天竺戒师僧伽跋摩重受具足戒，并从此敬心奉法，谨守戒品，就像爱护自己的头顶大脑一样。

她享年七十多岁，宋元嘉十年（公元四三三年）逝世。

她的弟子慧意、慧铠都能秉承师法，以恪守节戒闻名当时。

建福寺法盛尼

原典

法盛，本姓聂，清河人也。遭赵氏乱[1]，避地金陵。以元嘉十四年，于建福寺出家。才识惠解，率由敏悟。自以桑榆之齿，流寓[2]皇邑[3]；虽复帝道隆宁，而犹怀旧土。唯有探赜玄宗[4]，乃可以遗忧忘老耳。遂从道场寺[5]偶法师[6]受菩萨戒[7]。昼则披陈玄素[8]，夕则清言味理。渐冉[9]积时，神情朗赡，虽曰暮齿，有逾壮年。

常愿生安养[10]，谓同业[11]昙敬、昙爱曰："吾立身行道[12]，志在西方。"十六年九月二十七日，塔下礼佛，晚因遇病，稍就绵笃[13]。其月晦夕，初宵假寐[14]，如来乘空而下，与二大士[15]论二乘[16]。俄与大众[17]腾芳蹈蔼，临省盛疾，光明显烛，一寺咸见。佥[18]来问盛，此何光色，盛具说之，言竟寻绝，年七十二。

豫章太守吴郡张辩，素所尊敬，为之传述云。

注释

①**赵氏乱：**此指石勒、石虎之乱。

②**流寓：**寓居。

③**皇邑**：京都建康。

④**玄宗**：玄妙之宗旨，一般用为佛教之代称。

⑤**道场寺**：晋宋时著名寺院，位于秣陵三桥门外斗场巷。当时名僧佛驮跋陀罗、慧观、法显等均于此译经。

⑥**偶法师**：生平不详。

⑦**菩萨戒**：大乘佛教戒法，比丘可根据自愿受菩萨戒。总名为三聚净戒，分为二,一为梵网为宗之说，一为瑜伽秉承之说。中国佛教徒中也有不少受过此戒，比丘尼受此戒者，法盛为较早之人。

⑧**玄素**：这里指佛教典籍。

⑨**渐冉**：同“渐苒”，逐渐。《三国志·蜀后主传》景耀六年降表：“限分江汉，遇值深远，附缘蜀土，斗绝一隅，干运犯冒，渐苒历载，遂与京畿，悠隔万里。”

⑩**安养**：为西方极乐世界之异名，于此极乐净土中，可安心、养身，故称安养。

⑪**同业**：同志于佛道者。

⑫**行道**：奉行佛道。

⑬**绵笃**：加重。

⑭**假寐**：和衣而眠。

⑮**二大士**：菩萨称为“大士”，此指观世音、大势至二菩萨。

⑯**二乘**：大乘、小乘。

⑰**大众**：梵文 Mahāsaṃgha 的意译，音译为摩诃僧伽，此指除了佛之外的一切圣贤。

⑱**佥**：皆也。

译文

法盛，俗姓聂，清河（今河北清河县）人。因遭遇赵氏的祸乱，就避难到了金陵。南朝宋文帝元嘉十四年（公元四三七年），在建福寺出家修道。她超卓的才识、精湛的觉解，都是凭借独具的敏悟而获得。法盛自以为年迈之时，流徙寓居在京都，虽能欣逢王道隆盛、国泰民安，但故乡之恋仍常在念中，因而唯有潜心探究佛教的玄机妙理，方能排遣忧念，忘却老境。于是她就从道场寺偶法师受持菩萨戒。自此，她白天披阅佛典，晚上就清谈佛理。渐渐有了一段时间，她便自感神情清朗，灵府远廓，虽说已届高年，却无迟暮之衰，而是胜似壮年。

法盛常期待往生净土。她曾对同修昙敬、昙爱说："我立身行道，志在西方净土。"元嘉十六年（公元四三九年）九月二十七日，她在佛塔下做礼拜，晚上得了病，病情愈来愈重。同月的最后一天晚上，夜幕初张，她和衣小眠，恍惚之间，进入梦境。她梦见如来自空而降，与观世音、大势至二菩萨讲论大乘、小乘。不久又与诸圣贤乘芳气、蹈云蔼，飘然而下，来探望她的病情。一时间，灵光赫赫，大放光明，全寺尼僧，无不瞻睹。她们都来询问法盛，这是何等灵异之光，法盛便详述了梦中所见。说完之后，不久就入灭了，享年七十二岁。

豫章（今河南汝阳）太守吴郡（今江苏苏州）张辩，对法盛自来很崇敬，故为她传述如上。

江陵牛牧寺慧玉尼

原典

慧玉，长安人也。行业[①]勤修，经戒[②]通备。常游行教化[③]，历履邦邑；每属机缘[④]，不避寒暑。南至荆楚，仍住江陵牛牧精舍，诵《法华》《首楞严》[⑤]等经，旬日通利[⑥]。陕西道俗，皆归敬礼。观览经论[⑦]，未曾废息。

元嘉十四年十月，为苦行斋[⑧]七日，乃立誓言："若诚斋有感，舍身之后，必见佛土。愿于七日之内，见佛光明。"五日中宵，寺东林树，灵光赫然。即以告众，众皆欣敬，加悦服焉。寺主法弘，后于光处起立禅室。

初，玉在长安，于薛尚书寺见红白色光，烛曜左右，十日小歇。后六重寺沙门，四月八日，于光处得金弥勒像，高一尺云。

注释

①**行业**：指身、口、意所造作之行为，又作"作业"。

②**经戒**：经义和戒行。

③**教化**：教，以善法教导他人；化，远离恶法。为教导化育之意。《法华经·方便品》："诸佛如来，但教化

菩萨。”(《大正》九·页七上)

④**机缘：**机即根机，佛家认为，人之性曰根，性之发动曰机，人之修行，即于根机上下功夫。缘，即缘起，佛家认为，一切事物均待缘而起，有什么作业，就有什么报应。机缘主要涉及佛家之修行说和因果报应学说。

⑤**《首楞严》：**《首楞严三昧经》。凡二卷，后秦鸠摩罗什译。内容叙述坚意菩萨问能否疾证菩提三昧，佛乃为说首楞严三昧。(《大正》十五·页六二九下)

⑥**通利：**贯通其道，而无阻碍。《法华经·化城喻品》云:“诸根通利。”(《大正》九·页二十五上)

⑦**经论：**此指代经、律、论三藏。

⑧**苦行斋：**佛教斋戒修行法门之一。即断除肉体欲望，堪忍诸种难忍之苦行，主要指印度诸外道为求生天而行的诸苦行。依北本《大般涅槃经》载，诸外道苦行有自饿法、投渊赴火、自坠高岩、常翘一脚等等。(《大正》十二·页四六二上)此处苦行斋大约指默坐、短期绝食等。

译文

慧玉，长安人。她精勤修炼自己的外在行为和内在意念，又诵习经籍、研阅戒律，学识很渊富。常游化各处，讲经说法，步履所及，教化广布；每每言及佛家因果报应的学说时，她总是热忱讲导，不避严寒酷暑。她曾南行到了荆楚，就居住在江陵牛牧精舍之中。在这里慧玉诵念《法华经》《首楞严经》等典籍，不出十天，便能通解无碍。陕西的佛门内外，无不对她虔恭礼敬。她日夜披览经典，潜心三藏，未尝一日止息。

元嘉十四年（公元四三七年）十月，她做七日苦行斋，做斋前，曾立下誓言："我笃诚奉斋，若蒙感应，我在舍身之后，定能见到佛土极乐世界。我愿七天之内，见到佛光朗照，使我性遍被光华。"结果七日斋做到第五天，便出现了感应。那天夜半，在牛牧寺东边的林木丛中，忽有灵光曜曜，明映中天。慧玉当即将此异事遍告众尼。众尼听后，无不欣然而乐、油然生敬，对她更加心悦诚服。寺主法弘后在灵光显现的树丛中别置禅室，以志灵验。

当初，慧玉在长安时，曾在薛尚书寺见过红白二色灵光，它辉耀左右，历时十天才渐渐消失。此后，六重寺僧徒也曾在四月八日，在灵光辉耀处发现一尊金弥勒像，像高一尺。

建福寺道瑗尼

原典

道瑗，本姓江，丹阳人也。年十余，博涉经史[①]；成戒已后，明达三藏[②]，精勤苦行。晋太元中，皇后[③]美其高行，凡所修福，多凭斯寺。富贵妇女，争与之游。

以元嘉八年，大造形像，处处安置。彭城寺[④]金像二躯，帐座宛具；瓦官寺[⑤]弥勒行像一躯，宝盖[⑥]璎珞；南建兴寺[⑦]金像二躯，杂事幡盖[⑧]。于建福寺造卧像并堂，又制普贤行像。供养之具[⑨]，靡不精丽。

又以元嘉十五年，造金无量寿像。以其年四月十一日，像放眉间相光，明照寺内，皆如金色。道俗相传，咸来修敬，瞻睹神辉，莫不叹悦。

复以元皇后[⑩]遗物，开拓寺南，更造禅房云云。

注释

①**经史**：此指除佛家经典之外的诸子百家之书和史传著作。

②**三藏**：佛教统称经、律、论为三藏。

③**皇后**：此指晋孝武帝皇后。信佛，京中尼寺，多

得其资供。

④**彭城寺：**为晋彭城王司马纯所建，宋、齐、梁时为京中显寺。

⑤**瓦官寺：**也作瓦棺寺。东晋兴宁（公元三六三—三六五年）年间沙门慧力初在此立寺，当时仅有塔堂，后竺法汰居此讲经，扩建之，从而成为当时著名尼寺。顾恺之曾为寺壁绘图。

⑥**宝盖：**佛、菩萨及讲师读师之高座上所悬之天盖。

⑦**南建兴寺：**晋、宋时京城中著名寺院。

⑧**幡盖：**帐座上部之盖。

⑨**供养之具：**供佛的器具。

⑩**元皇后：**宋文帝元皇后，名袁齐妫，左光禄大夫袁湛庶女，后因皇帝宠幸潘淑妃，遂于元嘉十七年郁郁而终。

译文

道瑗，俗姓江，丹阳（今安徽宣城）人。十岁之后，就广涉经史；受戒出家后，又通晓经、律、论三藏。她习道精勤，清苦自励。晋孝武帝太元（公元三七六—三九六年）年间，褚皇后对她高尚的节操深为嘉许，故而她修善体道，大都依凭建福寺。而当时富贵女子，也无不竞相与道瑗交游。

元嘉八年（公元四三一年），道瑗尼大造佛像，在京都各寺院予以安奉。其中彭城寺有金像二躯，坐于床帐，神情宛然；瓦官寺有弥勒像一躯，宝盖辉煌，璎珞楚楚；南建兴寺有金像二躯，幡盖相属，气度不凡。除此之外，在道瑗所居的建福寺，则建一卧佛像与殿堂，又造一普贤行像。凡所塑之像，无不妙相殊丽，造工精美。

南朝宋文帝元嘉十五年（公元四三八年），又造一金无量寿佛像。同年四月十一日，金像眉宇间忽放瑞光，辉耀寺内，使满寺之中，犹如镀上了一片灿烂的金光。当时佛门内外的信众听说此事之后，彼此相传，共来修敬；瞻仰神辉，莫不叹悦不已。

道瑗又用宋文帝元皇后施给之物，扩建了这座尼寺，她开拓寺的南面，另建了一座禅房。

江陵祇洹寺道寿尼

原典

道寿，未详何许人也。清和恬寂，以恭孝称。幼受五戒，未尝起犯。元嘉中，遭父忧，因毁遘[①]疾。自无痛痒，唯黄瘠骨立。经历年岁，诸治不瘳。因尔发愿，愿疾痊可得出家。立誓之后，渐得平复。如愿出俗，住祇洹寺[②]。

勤苦超绝，诵《法华经》三千遍，常见光瑞[③]。元嘉十六年九月七日，夜见空中宝盖[④]，垂覆其上云云。

注释

①**遘：**遇也。

②**祇洹寺：**宋时著名寺院。《高僧传》卷七载："宋永初元年，车骑范泰立祇洹寺。以（慧）义德为物宗，固请经始。义以泰清信之至，因为指授仪则，时人以义方身子，泰比须达，故祇洹之称，厥号存焉。后西域名僧，多投止此寺，或传译经典，或训授禅法。"（《大正》五十·页三六八下）当时在此寺名僧如求那跋摩、求那跋陀罗，而朝中之人也多往之，如彭城王刘义康、丞相南

谯王刘义宣等。

③**光瑞：**祥瑞之光，佛说妙法，现祥瑞之光普照众生。

④**宝盖：**原指佛、菩萨等座上所悬之幡盖，这里用以代指佛光临。

译文

道寿，不知道是何处人。她本性清和恬静，以恭敬孝顺闻名乡里。年幼时在家奉佛，受持五戒，不曾有所造犯。元嘉年间(公元四二四—四五三年)，她遭逢父丧，因居丧时过于哀恸，遂得重病。此病虽无痛痒的感觉，但体貌却枯黄消瘦不堪。病持续了好几年，却始终未见好转，虽经多方医治，但仍未能痊愈。她因此发愿：如疾病痊愈，就离俗出家。发愿之后，身体果然渐渐康复了。于是她如愿出家，居住在祇洹寺中。

出家后，道寿执操坚明，勤苦卓绝，诵习《法华经》竟达三千遍之多。由于她专心一念，悉心奉道，故精诚所至，常能瞻睹到祥光吉瑞。元嘉十六年（公元四三九年）九月七日，据说有人在夜里看到空中有宝盖垂覆在她的头上。

吴太玄台寺玄藻尼

原典

玄藻，本姓路，吴郡人。安荀女也。(《宣验记》[①]云："是即安苟也。")藻年十余，身婴重疾，良药必进，日增无损。时太玄台寺释法济语安荀曰："恐此病由业[②]，非医所消。贫道案佛经云，若履危苦，能归依三宝，忏悔求愿者，皆获甄济。君能与女并捐弃邪俗，洗涤尘秽，专心一向[③]，当得痊愈。"

安苟然之，即于宅内设观世音斋[④]。澡心洁意，倾诚戴仰，扶疾稽颡，专念相续[⑤]。经七日，初夜忽见金像高尺许，三摩其身，从首至足。即觉沉疴豁然消愈。既灵验在躬，遂求出家，求住太玄台寺。

精勤匪懈，诵《法华经》，菜食长斋。三十七载，常翘心注想，愿生兜率[⑥]。

宋元嘉十六年，出都[⑦]造经，不测所终。

注释

①**《宣验记》：** 南朝宋刘义庆撰，为杂记小说，其中涉及不少佛教传说故事。

②**业**：佛教名词，梵文 Karman 意译，即造作。指内心活动和思维活动所发动的言语和行为，即由“思业”发动“思已业”，由此二义再开出身、口、意三业。业是佛教因果报应说的基础。此言玄藻非为体疾，乃为内心业缘。

③**一向**：意为凝神专一，无余念，无散念之心。《无量寿经》下：“一向专念，无量寿佛。”(《大正》十二·页二七二下)

④**观世音斋**：南北朝时崇奉观世音菩萨兴起，民间设观世音菩萨像以礼拜，称为观世音斋。

⑤**专念相续**：念念相续。行者所起之心系住一处，聚而不散，后念续于前念，不杂他虑，秉心一贯。

⑥**兜率**：意为上足、妙足、知足、喜足等义，处于夜摩天和乐变化天之间。此天有内外两院，其内院为弥勒菩萨之净土，其外院属欲界天，为天众之所居，享受欲乐。弥勒现为补处菩萨，于此宣说佛法，若住此天满四千岁，即下生人间，成佛于龙华树下。

⑦**出都**：到京都去。此为南北朝中习见之语，《颜氏家训·勉学篇》：“世居江陵，后出扬都。”本书“出都”，均是此意。

译文

玄藻，俗姓路，吴郡（今江苏苏州）人。是安荀的女儿。她十几岁时，染上了重病，虽服用了许多良药，但病情却逐日加剧，一点也没有减轻。当时太玄台寺法济法师对她的父亲安荀说："你女儿的病恐怕是业缘所致，不是医道所能消除的。根据佛经上所说，凡是遭逢危险艰难之苦的人，倘能皈依三宝，忏悔求愿，都可以获得济渡。眼下你若能与令爱一起去除邪心俗念，涤荡内心尘秽，专心一念，悉心奉佛，那么你女儿的病自当痊愈。"

安荀觉得他所言极是，便在屋子里设了观音斋。父女俩清心净意，竭诚敬仰，而玄藻强撑病体，叩首求拜，专心一念，念念相续。就这样持续了七天，终于在第七天的初夜时分，在默念恍惚之中，她忽然见到高约一尺的金像，从头到脚，反复加持她。于是，她感到体内积病豁然消除。此时此刻，玄藻才真正感受到佛法的高深。它既然在自己身上有了灵验，自己又怎能不竭诚信奉它呢？于是她请求出家，并要求住在太玄台寺。

出家后，她精勤自励，从无懈怠，诵习《法华经》，蔬食又长斋。三十七年来，她总是悬想注念于佛门正法，不敢一日废顿，并发愿生兜率净土。

宋文帝元嘉十六年（公元四三九年），她赴京都造经，后不知所终。

南永安寺慧琼尼

原典

慧琼者，本姓钟，广州人也。履道高洁，不味鱼肉。年垂八十，志业弥勤；常衣刍麻，不服绵纩。纲纪寺舍，兼行讲说。

本经住广陵南安寺。元嘉十八年，宋江夏王[①]世子母王氏，以地施琼。琼修立为寺，号曰南永安寺。至二十二年，兰陵萧承之为起外国塔。琼以元嘉十五年，又造菩提寺，堂殿坊宇，皆悉严丽。因移住之，以南安施沙门慧智。

琼以元嘉二十四年，随孟顗[②]之会稽，至破冈卒。敕弟子云：“吾死后不须埋藏，可借人剥裂身体，以饲众生。”

至于终尽，不忍屠割，乃告句容县，舆[③]着山中，欲使鸟兽自就啖[④]之。经十余日，俨然如故，颜色不异。令使村人以米散尸边，鸟食远处米尽，近尸之粒皆在。

弟子慧朗，在都闻之，奔驰奉迎，还葬高座寺[⑤]前岗，坟上起塔云。

注释

①**江夏王：**刘义恭，宋武帝子。封江夏文献王，出为荆州刺史、兖州刺史等，又官司徒，录尚书事，领太子太傅，后为废帝所杀。崇佛，与佛门子弟多有来往。

②**孟颛：**刘宋居士，字彦重，安丘（今属山东）人，与兄孟永并有令誉，时人称为双珠，初迁为东阳太守，后入为侍中，信仰佛教。

③**舆：**车子。

④**啖：**食也。

⑤**高座寺：**东晋咸康年间（公元三三五—三四二年）建，本名尸梨蜜寺，因尸梨蜜多罗尝在此石头岗东修头陀行，死后葬于此，后在此立寺。人称尸梨蜜多罗为“高座”，故以此名寺。又因此寺中有甘露井，故另名甘露寺。

译文

慧琼，俗姓钟，广州（今属广东）人。她恪循佛道，志行高洁，安于贫素，不嗜鱼肉。年近八十时，更是执操严明，清苦自励；常着麻衣布服，不穿丝绵绸缎。她出任南安寺寺主，总领寺内诸事，又兼讲经说法，整日孜孜不倦。

她本来居住在广陵（今江苏扬州）南安寺。宋文帝元嘉十八年（公元四四一年），宋江夏王世子之母王氏，施舍地给她。她便在此修建寺庙，并取名为南永安寺。到了元嘉二十二年（公元四四五年），兰陵萧承之又替她建了一座外国塔。此前元嘉十五年（公元四三八年），慧琼也兴建了一座菩提寺，寺内堂殿坊宇都庄严精美，气概非凡。寺成之后，她移居其间，于是就把南永安寺施给了僧徒慧智。

元嘉二十四年（公元四四七年），慧琼随孟顗前往会稽（今浙江绍兴），及至破冈时便圆寂了。临终前，她曾嘱咐弟子说："我死后不须埋葬，可供人肢解身体，把它施给众生吃。"

她死后，弟子不忍心这样做，便向句容(今属江苏）县府禀告。县府遂下令让人用车把慧琼的尸体载入山中，想让鸟兽去吃她的尸体。谁知经过了十多天，她的尸体仍宛然如故，其容貌也不改常态。于是县府又下令让邻近村民把米粒散落在她的尸体旁，以招徕鸟兽。但谁料鸟把远处的米粒全吃完了，而她尸体旁边的米粒竟一粒不少。

慧琼的弟子慧朗，在京城听说以后，迅捷赶来奉迎她的遗体，把她葬于高座寺前的山岗上，并在她的坟墓上起建了一座塔。

南皮张国寺普照尼

原典

普照，本姓董，名徐悲，渤海安陵人也。少秉节概[①]，十七出家，住南皮张国寺。后从师游学广陵建熙精舍，率心奉法，阖众嘉之。及师慧敬亡，息于庆吊[②]，而苦行绝伦。

宋元嘉十八年十二月，因成劳疾。虽剧，而笃情深信，初自不改；专意祈诚，不舍日夜。不能下地，枕上叩头忏悔，时息如常，诵《法华经》，一日三卷。

到十九年二月中，忽然而绝，两食顷苏，云："向西行，中道有一塔，塔中有一僧，闭眼思维。惊问何来，答以其事。即问僧曰，此处去[③]某甲寺几里。答曰五千万里。路上有草及行人，皆无所识。时风云高靡，区墟严净，西面尤明。意欲前进，僧乃不许。因尔回还，豁然醒寤。"

后七日而卒，年二十五。

注释

①**节概：**节操。

②**庆吊**：贺喜为庆，唁丧为吊。

③**去**：相距，离也。

译文

普照，俗姓董，名徐悲，渤海安陵（今河南鄢陵西北）人。年幼时就秉持高尚的志节和超凡的气概。十七岁时，便出家解脱浮俗的牵累，居住在南皮张国寺。后又从师慧敬游学到广陵（今江苏扬州）建熙精舍。由于她笃诚修道，悉心奉佛，故而深受众尼的赞誉。及至其师慧敬圆寂，她便停止了所有的庆吊应酬活动，守素苦节，超群拔类。

宋元嘉十八年（公元四四一年）十二月，她终因哀恸过度、践行过苦而致劳疾。她的病情虽逐日加重，但深情笃诚，全然不改；专心修行，昼夜未停。后因病重体衰不能下地，她便在枕头上叩首忏悔，按时修习不改常规，每日诵习《法华经》三卷。

次年二月中旬的一天，她霍然逝世，但约两餐饭的工夫，又苏醒过来。苏醒之后，她自述道："我在如梦如幻的境界中向西行走，途中遇一宝塔，塔上有一僧人，正闭目凝思。他惊诧地问我从何而来，我便一一如实作答。我又询问此处离某塔寺有几里，他答曰五千万里。

此去一路上有鲜美的芳草、不绝的人群，都是我不熟悉的。当时风高云丽，区宇整洁，西方更是光明朗澈。我正欲前行，那位高僧却阻止了我，不得已我只得掉转方向往回走。就在这时，我大梦初醒，顿失向来的烟霞云物。”

此后七天普照便圆寂了，世寿仅二十五岁。

梁郡筑弋村寺慧木尼

原典

慧木，本姓傅，北地人。十一出家，师事慧超[①]，受持十戒，居梁郡筑弋村寺。始读《大品》[②]，日诵两卷，兼通杂经[③]。木母老病，口中无齿，木但嚼哺饴母。为口不净，不受大戒[④]。日夜精勤，忏悔自业。

忽见戒坛[⑤]与天，皆黄金色。举头仰视，南见一人着褋[⑥]衣，衣色悉黄。去木或近或远，语木曰："我已授汝戒。"寻复不见。木不以语人。多诸感异，皆类此也。

木兄闻欲知，乃诈之曰："汝为道积年，竟无所益。便可养发，当为访婿。"木闻心愁，因述所见，即受具戒。临受戒夕，梦人口授戒本。及受戒竟，再览便诵。

宋元嘉中，造十方佛像，并四部戒本[⑦]及羯磨[⑧]，广施四众云。

注释

①**慧超：**生平未详，宋比丘。尝游印度，探迹圣踪，有《慧超往五天竺国传》三卷，慧琳《一切经音义》卷一百训其梵音。

②**《大品》：**此即《大品般若经》。又作《摩诃般若波罗蜜经》《摩诃般若经》《大品经》。系大乘佛教初期说般若空观之经典。

③**杂经：**正经以外的其他别出、异名的经籍，包括杂糅解说佛经之作。

④**大戒：**具足戒。

⑤**戒坛：**受戒之所。古代僧尼出家受戒多在专门的戒坛进行。

⑥**襈：**衣服的袖缘、下缘等。

⑦**四部戒本：**佛陀入灭后，僧团戒律分为五个部派，昙无德部将六十卷《律藏》分为四个部分，称"四分律"，即四部戒本。

⑧**羯磨：**或译作"业"，乃佛家授戒、忏悔的一种宣告仪式。此指有关羯磨的一些佛典。

译文

慧木，俗姓傅，北地（今在甘肃境内）人。她十一岁时出家修道，师事慧超，从他受持十戒，居住在梁郡（今安徽砀山县）筑弋村寺。她虽年幼，但一开始就诵念《大品般若经》，每天诵习两卷，又旁通其他佛门经籍。她母亲年迈多病，口中廓落无齿，慧木就先将食物嚼烂，再喂给母亲吃。又担心口中不洁净，所以不愿受具足戒。她日夜精勤不怠，时时忏悔自律，防止俗念滋蔓。

一天，她正在忏悔时，忽然间看见戒坛与天浑然一片，都沐浴在金黄色之中。她抬头仰望，但见南天灿然金光中，站着一位僧人。他身穿一件织绣的袈裟，绣的袈裟也一片金黄灿烂。此僧离她或近或远，飘忽不定。他向慧木传语道："我已经为你授过戒了。"说完不久，他就顿然不见踪影。对此奇遇，慧木一直缄口不言。此后，她又遇见了许多类似的灵异之事。

她的哥哥对此有所风闻，便想知道个究竟，于是他蒙骗慧木说："你奉持佛法已有多年，可是至今竟然一点益处也没有得到。你还不如就此还俗，蓄养头发，我当为你找个夫家。"慧木听罢，顿生忧念，便向乃兄述说了她的种种神奇的遭遇。为了坚定自己的崇佛之心，也为了打消哥哥让她还俗的意念，她准备就此禀受具足戒。临近受戒的那天夜里，她做了一个梦，梦见有人向她口授戒本。等她受过了具足戒，她深感自己智慧大开，对戒本只需观览两遍，即能成诵。

宋文帝元嘉年间，她兴造了十方佛像，并将四部戒本和有关羯磨的佛典遍施给佛门四众。

吴县南寺法胜尼

原典

法胜，不知何许人也。住吴县南寺，恭信恪勤，众所知识。

宋元嘉中，河内司马隆为毗陵丞，遇抄[①]战亡。妻山氏，二亲早没，复无儿女，年又老大，入吴投胜。胜接待如亲。后百余日，山氏遇病，病涉三年，甚经危笃。胜本无蓄积，赡待医药，皆资乞告，不惮寒暑。山氏遂得愈，众益称贵之。

后游京师，进修禅律[②]，该通定慧，探索幽隐，训诱眷属，不肃而成。动不徇利，静不求名，殷勤周至，莫非济物[③]。

年造六十，疾病经时，自言不差[④]，亲属怪问，答云："昨见二沙门，道知如此。"顷之，复言："见二比丘，非前所见者。偏袒右肩，手各执花，立其床后。遥见一佛，坐莲华上，光照我身。"

从此已后，夕不复眠，令人为转《法华经》。至于后夜，气息稍微，命令止经，为我称佛，亦自称佛。将欲平明，容貌不改，奄忽而终焉。

注释

①**抄**：抄劫。

②**禅律**：禅学和律学。

③**济物**：济人，普度众生。

④**差**：病愈。《三国志·魏志·方伎传》："病者言已到，应便拔针，病亦行差。"

译文

法胜，不知是何处人。她住在吴县（今江苏苏州）南寺中，信奉佛法，恭敬虔诚，恪守戒范，从不废怠，因而远近闻名，很受崇敬。

宋文帝元嘉年间，河内（今河南沁阳）司马隆任毗陵（今江苏常州）副职，曾遭抄劫格斗而死。他的妻子山氏，因双亲早逝，没有子女，加之年事已高，无处托身，就到吴县去投归法胜。法胜竭诚相待，宛似亲人。后百余日，山氏得了疾病，历时三年之久，几度病况危急。法胜本来就没有积蓄，所有赡养、医药费用都须仰仗乞食而得。但她不惧严寒酷暑，四处化缘求施，为山氏筹资治病。山氏的重病于是才得以痊愈，僧众也因此而更加敬重法胜。

法胜后又游学到了京都，在那里修习禅学律学，广博通达定慧之法，亲身探抉佛道幽眇，并以此来开教垂示尼众，有不肃而成之效。她动不求利，静不沽名，潜心凝神，日日勤修，以普度众生为己任。

到了六十岁时，她身染疾病，拖了很长时间也未见好转。她说自己的病已无法治好，家中亲属感到奇怪，就问她为何这样说。法胜回答说：“我昨天梦见两位僧徒，是他们告知我病已无法治好。”不久，法胜又说：“我又遇到了两位僧徒，不是上次所见的那两位。他俩袒露右臂，手执花束，站在床后。又远远看见佛陀，正坐在莲花之上，佛光明澈，遍照我身。”

从此以后，她夜不成寐，就让人给她念《法华经》。到了后半夜，她气息渐渐微弱，便下令停止念经，为她念佛，她自己也凝神念佛。天刚透亮时，她容颜不改常态，很快便瞑目圆寂了。

永安寺僧端尼

原典

僧端，广陵人也。门世[①]奉佛，姊妹笃信，誓愿出家，不当聘彩。而姿色之美，有闻乡邑。富室凑之，母兄已许。临迎之三日，宵遁佛寺。寺主置于别室，给其所须，并请《观世音经》[②]。二日能诵，雨泪稽颡，昼夜不休。

过三日后，于礼拜中，见佛像语云："汝婿命尽，汝但精勤，勿怀忧念。"明日，其婿为牛所触亡也。

因得出家，坚持禁戒，摄念[③]空闲[④]，似不能言，及辩析名实[⑤]，其辞亹亹。诵《大涅槃经》[⑥]，五日一遍。

元嘉十年，南游上国[⑦]，住永安寺。纲纪众务，均爱等接，大小悦服，久而弥敬。年七十余，元嘉二十五年卒。

弟子普敬、普要，皆以苦行显名，并诵《法华经》。

注释

①**门世：**家世。

②**《观世音经》：**见本卷前注。

③**摄念：**凝神于一。

④**空闲：**虚静恬淡。

⑤**名实：**佛教哲学讨论的重要问题之一。即一切事物都有名有相，这是虚假，而其内在的实性才是真实的。

⑥**《大涅槃经》：**或称《大般涅槃经》《大本涅槃经》，十三品，此经义理精深，为佛学的重要经典。当时流行的有三种译本：一是昙无谶的四十卷本，称“北本”；一是慧严、慧观、谢灵运等的二十五品三十六卷本，称“南本”；另有法显的六卷本《大般泥洹经》。

⑦**上国：**京都。唐刘长卿《客舍赠别韦九建赴任河南》：“顷南游上国，独能光选曹。”

译文

僧端，广陵（今江苏扬州）人。世代崇奉佛法，她姊妹俩更是情坚意决，发愿出家，立志不受聘彩之礼。但她俩容貌的秀美，又早被乡邑所共知。有一富贵之家前来提亲，她的母亲和兄长都已许诺。在迎亲前三天，僧端趁夜里悄然出逃到一个佛寺中。寺主将她安置在别室，供给她所需之物，并让她诵习《观世音经》。她两日便能成诵，专心奉佛，流泪叩首，日夜不停。

三日之后，她在礼拜中，见佛像告诉她说：“你丈夫已经绝命，你只管精勤修行，毋须忧思萦怀，终日愁闷不乐。”第二天，她的丈夫果然被牛抵触而死，她也因此而得以出家。

出家后，她坚守戒律禁规，摒除所有杂念，清心寡欲，凝神旷远，状如木讷，沉默寡言。而一旦辨析起佛法中权实妙法之关系，她又显得清辩滔滔，勤勉不绝。她潜心诵习佛典巨著《大般涅槃经》，五日一遍。

元嘉十年（公元四三三年），她南游到了京都，居住在永安寺中。她统管寺中诸多事务，平等待人，广具爱心，所以老老少少都对她心悦诚服，时间愈久而愈加尊敬。她享年七十余岁，宋文帝元嘉二十五年（公元四四八年）圆寂。

她的弟子普敬、普要，也都以苦行励节扬名于世，又都精心诵习《法华经》。

广陵中寺光静尼

原典

光静，本姓胡，名道婢，吴兴东迁人也。幼出家，随师住广陵中寺。

静少而厉行，长习禅思[①]，不食甘肥。将受大戒，绝谷饵[②]松。具戒之后，积十五年，虽心识鲜明，而体力羸惫。祈诚慊到，每辄感劳，动经晦朔[③]。

沙门法成[④]谓曰："服食非佛盛事。"[⑤]静闻之，还食粳粮。倍加勇猛，精学不倦。从学观[⑥]行者，常百许人。

元嘉十八年五月遇疾，曰："我厌苦此身，其来久矣！"于是牵病忏悔，不离心口，性理恬明，神气怡悦。至十九年岁旦[⑦]，饮粒皆绝，属念兜率，心心相续[⑧]，如是不断。至四月八日夜，殊香异相，满虚空中。其夜命终。

注释

①**禅思**：禅定，凝神静虑，坐悟禅机。《无量寿经》下："禅思一心。"

②**饵**：食用。

③**晦朔：**农历每月的末一日叫晦，初一日叫朔。又指早晚。

④**法成：**刘宋比丘，凉州人，精禅法，并通戒律，不饵五谷，唯食松果，南游至蜀中，讲经说法，从学者甚众。

⑤**服食非佛盛事：**服食乃佛门大事，佛家诸戒法屡有所及，此处特指食松果而言。

⑥**学观：**佛家强调学的作用，比丘尼三百四十八戒分为七聚，其六为百众学，认为人心处于善恶的浮沉中，故强调念之以学，恪守戒范。观，《观经净影疏》："观者，系念思察，说以为观。"佛家以粗思为觉，细思曰观，观即洞观真理。

⑦**岁旦：**一岁之始，即农历元旦，亦称岁朝。《后汉书·周磐传》："岁朝会集诸生，讲论终日。"注："岁朝，岁旦。"

⑧**心心相续：**念念相续，前念续于后念，未曾中断。

译文

光静，俗姓胡，名道婢，吴兴东迁（今浙江湖州境内）人。她年幼出家，随师居住在广陵中寺。

光静年少时励志修行，年长后又研习禅定之法，不食肥美之物。在将受具足戒时，她绝食谷物，只以松果充饥。受具足戒之后，经时十五载，修身日深，心智朗澈，但体瘦力衰。每当她凝虑专一、悉心祈祷时，总感到体力不济，而且这种情况常会持续很久。

法成比丘告诉她说："饮食并非佛门看得太重的事，只要不饮酒荤食，也不一定非得吃松果不可。"光静听后，便改食谷物。她从此倍加精进，勤学不怠，体力也不感到劳顿。当时，随她学习和观瞻的，常有百人左右。

宋文帝元嘉十八年（公元四四一年）五月，她得了疾病。她说道："我厌苦此身，由来已久。"于是她带病忏悔，心口不离，心性恬淡明净，神情怡然和悦。到了第二年元旦，她水浆谷粒都已断绝，一心只系念着早登兜率净土，所有的神思和念头都集中在上面，而且持续不断。到了四月八日夜间，忽有奇香异相，满布空中。也就是这天夜里，她圆寂了。

蜀郡善妙尼

原典

善妙，本姓欧阳，繁县人也。少出家，性用柔和，少嗔喜，不营好衣，不食美食。有妹，婿亡孀居，无所依托，携一稚子，寄其房内。常闻妙法[①]，自慨生不值佛，每一言此，流涕欷歔，悲不能已。

同住四五年，未尝见其食。妹作食熟，呼妙共食。妙云："我适于某处食竟。"或云："四大不好[②]，未能食。"如此积年。

妹甚愧恨[③]，白言："无福婿亡，更无亲属。携儿依姊，多所秽乱。姊当见厌，故不与共食耳。"流泪而言，言已欲去。

妙执其手，喻之曰："汝不解我意，我幸于外得他供养，何须自损家中食。汝但安住，我寻远行，汝当守屋，慎莫余去。"妹闻此而止。

妙乃自绩作布，买数斛[④]油，瓦坻[⑤]盛之，着庭中。语妹云："欲拟作功德[⑥]，慎勿取也。"至四月八日夜半，以布自缠而烧其身。火已亲项，命其妹令呼维那[⑦]打磬，"我今舍寿，可遍告诸尼，速来共别"。

比诸尼惊至，命犹未绝，语诸尼云："各勤精进[8]。生死可畏，当求出离[9]，慎勿流转[10]。我舍此身供养，已二十七返，止此一身，当得初果。"（问益土人，或云元嘉十七八年烧身，或云孝建时，或言大明中，故备记之耳。）

注释

①**妙法**：佛法。

②**四大不好**：佛家认为，人身由地、水、风、火四大部分组成，四大相协相和，维持身体平衡。四大不好，即体内不调。

③**愧恨**：惭愧遗憾。

④**斛**：量器名，古代以十斗为一斛，南宋末以五斗为一斛。

⑤**瓦坻**：瓦缸。

⑥**作功德**：行善以求获得果报。《胜鬘经宝窟》上本："修功所得，故名功德也。"（《大正》三十七·页十一中）

⑦**维那**：羯磨维那。佛家寺院有三纲，即上座、寺主和维那，维那管理众僧事务。

⑧**精进**：亦名精勤，佛教术语，指勇猛修善法，

断除恶念。《唯识论》云：“于法无染曰精，念念趣求曰进。”

⑨**出离**：解脱。

⑩**流转**：佛教术语。谓一切凡夫作善恶之业，均有苦乐之感，轮回于六趣之中。流指相续，转乃于因果相续中转生。

译文

善妙，俗姓欧阳，繁县（今四川新繁）人。她年幼时就脱俗出家。性情柔和，举止温恭，待人和善，鲜有喜情怒色，既不营求好衣，也不贪恋美食。她有个妹妹，丧偶寡居，因无依无靠，便携着幼子寄住在她的房里。妹妹时常听到她讲经说法，总是慨叹自己活着的时候见不到佛，而每当言及于此，又总是流着眼泪，嗟叹唏嘘，悲不自已。

妹妹与她同住了四五年，却未尝看见她吃东西。有时，妹妹做好饭菜，喊善妙共餐。善妙或是借口说：“我刚才在某处吃过了。”或是推托道：“我身体欠佳，不想吃东西。”这样持续了好几年。

妹妹对此深感遗憾，觉得很过意不去，便对姐姐说：“我丈夫福浅不幸早死，家中别无亲人。我迫于无奈，携子前来，寄寓在你的门下，对你佛门净地多有秽染，你一定是嫌弃我，所以才不和我同餐共食。”她流着眼泪诉说，说罢就想离去。

善妙握着她的手，晓谕她说：“你错解了我的意思，我在外面可以得到别人的供养，又何必消耗家中的食物呢？你只管安心住在这里。我不久将要外出远行，你当为我安守家中，万勿生出别的想法，离我而去。”妹妹听说后，也就打消了离去的念头。

于是善妙自己绩麻织布，又买油数斛，盛在瓦缸之中，放置在庭中。她告诉妹妹说：“我正打算修行功德，你千万别把瓦缸取走。”到了四月八日夜半时分，善妙用布缠绕自身，并燃火焚烧。火很快烧到了头上，她便让妹妹去喊寺庙维那敲磬，告诉她说：“我将要舍寿超升，可以遍告寺中尼众，让她们速来与我作别。”

等到寺内尼众惊异地赶来时，她生命尚未绝断。于是善妙对尼众说道：“你们各自精勤修行吧！生死大苦海，诚然可畏，但出家人当求解脱超度，断断不可流徙于这苦海之中。我放弃此身供养，已达二十七返，仅此一身，当得初果。”

广陵僧果尼

原典

僧果，本姓赵，名法祐，汲郡修武人也。宿植①信解②，纯笃自然③。在乳哺④时，不过中食，父母嘉异。及其成人，心虽专到，缘碍参差。年二十七，方获出家，师事广陵慧聪尼。

果戒行坚明，禅观清白。每至入定，辄移昏晓，绵神⑤净境，形若枯木。浅识之徒，或生疑。

元嘉六年，有外国舶主难提⑥，从师子国载比丘尼来至宋都，住景福寺。后少时，问果曰："此国先来，已曾有外国尼未？"

答曰："未有。"

又问："先诸尼受戒，那得二僧⑦？"

答："但从大僧受得本事⑧者，乃是发起受戒，人心令生殷重，是方便⑨耳。故如大爱道八敬得戒⑩，五百释女⑪以爱道为和上，此其高例。"

果虽答然，而如心有疑。具谘三藏⑫，三藏同其解也。

又谘曰："得重受不？"

答曰："戒、定、慧[13]品，从微之著[14]，更受益佳[15]。"

到十年，舶主难提复将师子国铁萨罗等十一尼至。先达诸尼，已通宋语。请僧伽跋摩于南林寺[16]坛界，次第重受三百余人。[17]

十八年，年三十四矣。时宴坐[18]经日，维那故触，谓言[19]已死，惊告寺官。寺官共视，见果身冷肉强，唯气息微传。始欲舁徙，便自开眼，谈笑寻常，于是遇者骇伏，不知所终。

注释

①**宿植：** 宿世所植之善根。

②**信解：** 对佛法由初信到通解。又，钝根为信，利根为解。

③**自然：** 不事造作，纯存天真。

④**乳哺：** 哺育婴儿。这里指幼儿时。

⑤**绵神：** 念念相续，逶迤不断。

⑥**难提：** 竺难提，外国船主。据《高僧传》和《比丘尼传》载，元嘉六年（公元四二九年）他曾从师子国载八位比丘尼至宋都。后于元嘉八年载印度高僧求那跋摩至京。求那跋摩以为西国尼年腊未登，又十人不满，只好令先至之尼学宋语，另请竺难提从师子国载尼至

京，竺难提于是于元嘉十年载铁萨罗等十一尼至京。

⑦**二僧**：指比丘、比丘尼。依佛家戒律规定，比丘尼受大戒应从二僧受戒，故难提有此问。

⑧**本事**：《慧果尼传》载慧果云："此土诸尼，先受戒者，未有本事，推之爱道，诚有高例。"（《大正》五十·页九三七中）

⑨**方便**：佛教术语，梵文 Upaya 的意译。其意有数端：方者方法，便者便用，即适应于一切众生之机的方法；方者方正之理，便者巧妙言辞，以巧妙言辞和方正之理去应契种种之机；方为众之方域，便为教化，以佛法去教化众生之方便。这里所用乃第三义。

⑩**八敬得戒**：八敬戒，佛令大爱道所守之戒法。具体为：（一）百岁之比丘尼见新受戒之比丘，亦应亲迎礼拜；（二）比丘尼不得骂比丘；（三）不得举比丘之过失；（四）学法女受大戒应从众僧求受；（五）比丘尼犯僧残应于半月中在比丘、比丘尼中行摩那埵；（六）比丘尼于半月内于僧中求教授之人；（七）在比丘处不可夏安居；（八）夏讫，则当诣僧中求忏悔的人。

⑪**五百释女**：以大爱道为中心，五百释女奉爱道为和尚。传五百释女不忍见佛之涅槃，便先佛涅槃，佛命阿难厚葬之。

⑫**三藏**：原指精通经、律、论三藏之法师，此指僧

伽跋摩。《高僧传》卷三：本传谓其进京，时人称为三藏法师。(《大正》五十·页三四五上)

⑬**戒、定、慧：**佛教之三学，戒者，防身之恶；定者，静心之散乱，六根涉缘，心不随名；慧者，心境空明澄澈以去惑证理。三学均从心上着意。

⑭**从微之著：**在微妙处用心。

⑮**更受益佳：**《高僧传》卷三《求那跋摩传》载慧果、净音诸尼欲重受具戒，求那跋摩云："善哉！苟欲增明，甚助随喜。"(《大正》五十·页三四一中)

⑯**南林寺：**许嵩《建康实录》云，在建康。"元嘉四年司马梁造，在中兴里，陈亡废。"

⑰关于此次南林寺受戒事，《高僧传》卷三云："时景福寺慧果、净音等，共请跋摩云：'去六年，有师子国八尼至京，云宋地先未经有尼，那得二众受戒，恐戒品不全。'跋摩云：'戒法本在大僧众发，设不本事，无妨得戒，如爱道之缘。'诸尼又恐年月不满，苦欲更受。跋摩称云：'善哉！苟欲增明，甚助随喜。但西国尼年腊未登，又十人不满，且分学宋语，别因西域居士，更请外国尼来，足满十数。'"(《大正》五十·页三四一上)

⑱**宴坐：**入定。

⑲**谓言：**认为。

译文

僧果，俗姓赵，名法祐，汲郡修武（今河南卫辉西南）人。她因宿世广植善根，故闻佛法颇能信解，信念坚贞不移，心境莹洁自然。早在襁褓之年，就行有准的，循守戒规，超过午时就停止进食，严守斋法。父母对她称赞不迭，惊异不已。到了成年，她虽然心诚意到，但因缘分阻隔，志向一直难以实现。直到二十七岁时，方获出家，顺遂其愿，师事广陵慧聪尼。

出家之后，她戒行坚定明确，禅观洁净无染，每当参禅入定时，总是泯然不知朝暮，精神遁入澄寂，形体宛如枯木。当时浅识之人，对此存有疑心，并因此诟病于她。

元嘉六年（公元四二九年），外国船主竺难提从师子国（今斯里兰卡）载着比丘尼来到宋都建业（今江苏南京），居住在景福寺中。来后不久，竺难提向僧果问道："中土以前曾有外国比丘尼来过吗？"

僧果答道："没有。"

竺难提又问："那么这里比丘尼受戒，又从哪里得到比丘、比丘尼二僧为戒师呢？"

僧果说："没有比丘尼戒师，只得从大僧处受戒。佛教受戒的本来意旨，只是在人们心中树起戒范，使其以庄重严肃之心相待，而不在于具体的形式，这也是为求方便、易于施教的缘故。这就如同比丘尼之祖大爱道听佛之意行八敬斋，而五百比丘尼以大爱道为和尚，这是一种较高的标准。她们既有此变通，我们这里自然也可有此变通。”

僧果话虽这样说，心里却颇生疑虑。于是便去向当时京都著名律师三藏法师僧伽跋摩求教。三藏同意她的看法。

僧果又问道：“你看是否有必要重受具足戒呢？”

僧伽跋摩回答说：“从佛门戒、定、慧三学来看，都要求从心灵的微妙处做起，若能重受大戒，使心空增明，当然更佳。”

到了元嘉十年（公元四三三年），外国船主应求那跋摩之请，又从师子国载来铁萨罗等十一个比丘尼，其中八位先到之比丘尼，已通晓宋地语言。此番来后，人们请戒师僧伽跋摩在南林寺立戒坛，为比丘尼重受具足戒，先后受戒者达三百多人，僧果便是其中的一个。

元嘉十八年（公元四四一年），僧果已三十四岁。一次，她兀然独坐，悄然入定，持续几天，还未出定。寺院维那有意去触动她，她依然是纹丝不动。维那以为她已经圆寂，便吃惊地去禀白寺主。寺主们赶来一看，发现她已通体冰凉，肌肉僵硬，只有些许气息微微呼出。

人们刚想把她抬走，她却出人意料地睁开了眼睛，很快又谈笑自如，不异往常，于是在场的人无不惊骇折服。以后，僧果竟不知所终。

山阳[①]东乡竹林寺静称尼

原典

静称，本姓刘，名胜，谯郡梁人也。戒业精苦，诵经四十五万言。寺傍山林，无诸嚣杂，游心禅默[②]，永绝尘劳。

曾有人失牛，推寻不已。夜至山中，望见寺林火光炽盛，及至都无。常有一虎，随称去来；称若坐禅[③]，蹲踞左右。寺内诸尼若犯罪失，不时忏悔者，虎即大怒，忏悔若竟，虎乃怡悦。

称后暂[④]出山，道遇一北地[⑤]女人，造次问讯，欣然若旧。女姓裘，名文姜，本博平人也。性好佛法，闻南[⑥]国道富关开，托避得至此土，因遂出家。既同苦节，二人并不资五谷，饵麻术而已。

声达虏都[⑦]，虏谓圣人，远遣迎接。二人不乐边境，故秽声迹，危行言逊。虏主为设肴膳，皆悉进啖[⑧]。因此轻之，不复拘留。称与文姜复还本寺。

称年九十三，无疾而卒矣。

注释

①**山阳：**今属江苏淮安。当时属刘宋政权统辖，这里距北魏统治区很近。

②**禅默：**禅定，禅家默然凝虑之法。

③**坐禅：**谓之结跏趺坐，寂然而坐，以待禅机。《智度论》云："诸坐法中，结跏趺坐最安稳不疲极"，若能持坐，"魔王见之，其心恐怖"。

④**暂：**倏然。陶渊明《与子俨等疏》："遇凉风暂住。"

⑤**北地：**此指北方。

⑥**南：**南方之刘宋政权。

⑦**虏都：**北魏的京都。当时，文姜家乡在北魏政权统治之下。

⑧**啖：**食也。

译文

静称，俗姓刘，名胜，谯郡梁（今安徽亳州）人。她恪守戒律，蔬食苦节，诵念佛经达四十五万言。所居之寺依傍静寂的山林，没有尘世的喧嚣、杂染，她也得以陶思凝虑，参禅悟法，永绝浮俗的侵扰。

曾有人丢失一头牛，主人不断四出追寻，夜里寻到了山中，远远望见寺林中光焰腾炽，可是赶到那儿，竟全然不见。山中有一虎，经常出没在静称左右，静称外出时，虎也随她前去；若是坐禅时，虎便蹲伏在她左右。寺中尼众若犯了过失而不按时忏悔，虎就会对她怒吼，等到忏悔完毕，虎又会欣然摇尾而去。

有一次，静称突然离山，途中遇见一位北方女子，彼此乍一交谈，就欣然如同老友。这女子姓裘，名文姜，本是博平（今山东茌平）人，她生性好佛，听说南方宋地国运隆盛，就从北魏托身躲避到宋国，并就此出了家。既然她俩矢志修行，志同道合，便商定都绝食五谷，只用一些麻秫充饥而已。

不久，两人的声誉传到北魏的都城，人们都认为她俩是圣人，所以不辞路远遣使前来迎接她们。她俩不愿住在那异域边城，因而就有意败坏名声，说话做事都颇为唐突。一次，北魏君主为她俩安排了精美的饭菜，她俩毫不回避地都取来吃了。国君因此轻视她们，也就不再拘留她们了。就这样，她俩又返回了本寺。

静称享年九十三岁，后来无病而逝。

吴太玄台寺法相尼

原典

法相，本姓侯，敦煌人。履操清贞，才识英拔。笃志好学，不以屡空①废业；清安贫窭②，不以荣达移心。出适傅氏，家道多故。苻坚败绩，眷属散亡，出家持戒，信解弥深，常割衣食好者施惠宿尼，寺僧谏曰："惠宿资野③，言不出口。佛法经律，曾未措心。欲学禅定，又无师范。专顽拙讷，是下愚人耳。何以不种上田，而修此下福？"

答曰："由④之胜负，唯圣乃知。我既凡人，宁立取舍？遇有如施，何关作意⑤耶？

惠宿后建禅斋七日⑥，至第三日夜，与众共坐，众起不起。众共观之，坚如木石。牵持不动，咸谓⑦已死。后三日起，起后如常。众方⑧异之，始悟法相深相领照矣。其如此类，前后非一。

相年达桑榆，操行弥笃。年九十余，元嘉末卒也。

注释

①**屡空：**贫困。《论语·先进》："回也其庶乎，屡

空。”

②**贫窭：**贫穷。

③**资野：**天性疏野。

④**由：**子路，字仲由，孔子弟子。

⑤**作意：**佛教术语，心所之名。即突然警觉而将心投注某处以引起活动之精神作用。俱舍七十五法之一。《俱舍论》曰：“作意，谓能令人惊觉。”(《大正》二十九·页四〇上)

⑥**禅斋七日：**七日斋。净土宗和禅宗均有七日斋仪式，禅宗又叫“打禅七”，一般在冬天举行，于七日之中，静坐参禅，以究心性的本源。

⑦**谓：**认为。《世说新语·德行》：“后大闻之，甚惊，曰：‘吾本谓卿多，故求耳。’”

⑧**方：**始。江淹《杂体·左记室思咏史》：“终军才始达，贾谊位方尊。”

译文

法相，俗姓侯，敦煌（今甘肃疏勒河西南）人。操守清贞，才识过人。她笃志好学，不因贫穷而废弃道业；安贫乐道，不因荣达而移易心志。她嫁给傅姓人家，家道多变，适值苻坚战败，战乱中亲属纷纷离散，于是就出家受持戒律。她对佛道的信仰和理解愈来愈深，常把好衣好食施给惠宿尼，寺中有一僧人劝告她道：“惠宿天性疏野，口不言佛家正法，心不念佛门经律；想学禅定，又无良师训导。她冥顽拙讷，只不过是个下等愚笨之人。你入门修道，为何不种上田，偏要修此下福？”

法相回答说：“子路好坏，只有孔圣人才知道。我既是凡庸之辈，又怎能确定我的取舍？遇上像这样的施与，那和我立意修行有何关系呢？”

后惠宿建禅斋戒七日，到了第三天晚上，她与众尼共坐，众尼起身，惠宿却长坐不起。大家上前一看，但见她稳稳实实地端坐在那里，俨然木石一般，任你牵扶她，她一动也不动。众尼都认为她已经入化。此后三天，她方出定起身，起身之后，又一如常态。众尼这才对她惊异不已，也才悟出法相对她相契之深、领会之透。像这样的事，前前后后已出现了不止一次。

法相在晚年时，操行更是坚确。年至九十余岁，在元嘉末年去世。

东青园寺业首尼

原典

业首，本姓张，彭城人也。风观[①]峻整，戒行[②]清白；深解大乘[③]，善构妙理；弥好禅诵，造次[④]无怠。宋高祖武皇帝[⑤]雅相敬异。文帝[⑥]少时，从受三归[⑦]。住永安寺[⑧]，供施相续。

元嘉三年，王景深母范氏，以王坦之[⑨]故祠堂地施首，起立寺舍，名曰青园[⑩]。齐肃[⑪]徒众，甚有风规[⑫]。潘贵妃[⑬]叹曰："首尼弘振佛法，甚可敬重。"

以元嘉十五年，为首更广寺西，创立佛殿。复拓寺北，造立僧房。赈给所须，寺业兴显。众二百人，法事不绝。

春秋稍高，仰者弥盛。累以耆艾[⑭]自陈，众咸不许。年九十，大明六年卒。

时又有净哀、宝英、法林，并以治身清约，有声京县[⑮]。哀久习禅诵，任事清允，泰始五年卒。英建塔五层，阅理有勤，蔬食精进，泰始六年卒。林博览经律，老而不懈，元徽元年卒。

又有弟子昙夤，兼通禅律[⑯]，简绝荣华，不窥朝市[17]，元徽六年[18]卒。

注释

①**风观：**风神仪表。

②**戒行：**奉守戒律之操行。

③**大乘：**佛家学说有大乘、小乘之分，传入中国的主要是大乘佛学。

④**造次：**此指短时间。

⑤**宋高祖武皇帝：**宋武帝刘裕（公元三六三—四二二年）。彭城人，字德舆，小名寄奴。曾为东晋将领，后击败桓玄，封晋公，元熙二年废晋帝，建立宋王朝。

⑥**文帝：**宋文帝刘义隆，小字车儿，刘裕第三子，元嘉元年八月登基，改元，元嘉三十年殁，谥文帝，庙号太祖。

⑦**三归：**三归依，又作三自归。即归投、依靠三宝，并请求救护，以永解脱一切苦。即指皈依佛、法、僧三宝。此系成为佛教徒所必经之仪式。

⑧**永安寺：**何后寺。元嘉十八年，宋江夏王刘义恭为慧琼建南永安寺，原永安寺改称北永安寺。

⑨**王坦之：**晋侍中、中书令，乐善好施，供资佛寺，曾造临秦寺和安乐寺等。

⑩**青园**：关于此寺之建造，唐许嵩《建康实录》引《京师塔寺记》云："驸马王景深为母范氏，宋元嘉二年以王坦之祠堂地与比丘尼业首为精舍，十五年，潘淑仪施西营地以足之起殿，又有七佛殿二间，泥塑精绝，后代希有。"乃当时京都名寺，达官显贵多出入此。《宋书》卷九载宋后废帝刘昱"乘露车，从二百许人，无复卤簿羽仪，往青园尼寺"。《建康实录》卷十四亦载刘昱"往青园尼寺、新安寺偷狗，就昙度道人煮之饮酒"。

⑪**齐肃**：专一虔诚。《国语·楚语下》："古者民神不杂，民之精爽，不携贰者，而又能齐肃衷正。"这里是使动用法。

⑫**风规**：风教、成规。《续高僧传》卷六《释僧乔传》："少秉高操，慕安泰之风规，而弊衣蔬食，终身不改。"

⑬**潘贵妃**：名潘淑仪，宋文帝贵妃，甚得宠幸，爱倾后宫。

⑭**耆艾**：年老。

⑮**京县**：京都。

⑯**禅律**：此指禅定和戒律。

⑰**朝市**：朝廷与市肆，泛指名利场。《史记·张仪传》："臣闻争名者于朝，争利者于市。"

⑱**元徽六年**：宋后废帝元徽年号仅四年，此处乃误

记。

译文

业首，俗姓张，彭城（今江苏徐州）人。她风仪高峻严整，戒行清白无染；深解大乘佛经，善构玄妙之理；又深好禅定之法，心体寂静，洞观法理，即使在仓促之间，也绝不懈怠。宋高祖武皇帝刘裕对她十分敬重。宋文帝刘义隆年幼时，曾从她受三归，奉持佛、法、僧三宝。后居住在京中名寺永安寺内，人们布施给她的供品源源不断，从没有匮乏之感。

元嘉三年（公元四二六年），王景深的母亲范氏，把侍中、中书令王坦之以前的祠堂土地施给业首，修建起一座寺舍，取名为青园寺。她持戒甚严，整肃徒众卓有成效，弟子无不甚有风规。因此，潘贵妃赞叹说："业首弘扬佛法，非常值得敬重。"

于是潘贵妃在元嘉十五年（公元四三八年），为业首开拓寺舍西面，创建了一座佛殿；不久，又开拓了寺舍的北边，为她造了一座僧房。同时，潘贵妃还不停地供养她所需的物品，使她的寺业日益昌隆。她领信徒二百人，法事绵绵不绝，蔚为一时之盛。

业首年事渐高，从道者愈来愈多，仰慕者也愈来愈盛。她多次以年迈为由，请求告退，但徒众都执意不允。她于孝武帝大明六年（公元四六二年）圆寂，享年九十岁。

当时又有净哀、宝英、法林三尼，都以持身清俭，扬名京都。其中净哀尼久习禅定之法，处事清廉公允，卒于宋明帝泰始五年（公元四六九年）。宝英尼筹建佛塔五层，勤于探究佛理，蔬食精进不怠，逝于泰始六年（公元四七〇年）。法林尼则博览经、律、论三藏，愈老而愈不懈怠，殁于宋后废帝元徽元年（公元四七三年）。

业首又有弟子昙夤，兼通禅定、戒律，不羡慕荣华富贵，不窥视名利场所，于元徽年间入化。

景福寺法辩尼

原典

法辩，丹阳人也。少出家，为景福寺慧果尼弟子。忠谨清慎，雅有素俭，弊衣蔬食，不甘五辛。高简之誉，早盛京邑。相州刺史琅琊王郁，甚相敬礼。后从道林寺外国沙门畺良耶舍[①]谘禀禅观，如法修行，通极精解。每预[②]众席，恒如睡寐。

尝在堂[③]斋散[④]不起，维那惊触，如木石焉。驰以相告，皆来就视。须臾出定[⑤]，言语寻常。众咸叹服，倍加崇重。大明七年而卒，年六十余。

先是一日，上定林寺[⑥]超辩[⑦]法师，梦一宫城，庄严显丽，服玩光赫，非世所有。男女装饰，充满其中，唯不见有主。即问其故，答:“景福寺尼法辩，当来生[⑧]此，明日应到。”

辩至其日，唯觉肉战，即遣告众，大小皆集。自云:“有异人来我左右，乍显乍晦，如影如云。”言讫坐绝。

其后复有道照、僧辩，亦以精进知名。道照本姓杨，北地徐人也。饭蔬诵经，为临贺王之所供养。

注释

①**畺良耶舍：**活动于南朝宋齐时期的著名禅师，当时京都很多比丘尼从之学习禅法。《高僧传》有传。

②**预：**参与。

③**堂：**斋堂，即食堂。

④**斋散：**犹斋退。禅林之语，时在午斋之后。

⑤**出定：**从入定的寂静木然的状态中清醒过来。

⑥**上定林寺：**当时宋都蒋山有上、下二定林寺。据唐许嵩《建康实录》引昙宗《京师塔寺记》云："元嘉元年，外国僧毗舍阇造又置下定林寺，东去县城十五里。"上定林寺，西南去县十八里，"元嘉十六年，禅师竺法秀造，在下定林寺之上"。

⑦**超辩：**宋齐时比丘，敦煌人，出家后居上定林寺，日诵《法华经》一遍，居此寺三十余年不出户，并应请开庭讲授《般若经》《法华经》《金光明经》等，永明十年（公元四九二年）圆寂，时年七十三。

⑧**生：**疑为"主"之误。

译文

法辩，丹阳（今属安徽当涂）人。年幼时出家，是景福寺慧果尼的弟子。她天性诚实谨慎，操行清正无瑕，生活自来节俭，穿破衣，吃素食，不贪辛辣等五味。她高洁简朴的美名，早就传扬于京都。相州（河北临漳县境）刺史琅玡王刘郁，对她素来很崇敬，优礼有加。后随道林寺外国僧徒畺良耶舍请教禅定之法的妙旨，并依法修行，精通其中的妙理。她每次参与众坐，总是状若入睡。

有一次，禅堂斋罢，她仍未起身，寺中维那颇感惊异，便去摇动她。谁知法辩形如木石，纹丝不动。维那便跑去喊尼众，大家纷纷赶来围观。不久，她出定了，很快又言谈如故。大家对她叹服不已，倍加尊崇。孝武帝大明七年（公元四六三年）入灭，享年六十有余。

她入灭前一天，上定林寺超辩法师曾梦见一座宫城，十分庄严华丽，其中服用、玩赏之物都光洁生辉，不是俗世所能见到的。服饰鲜明的善男信女，布满宫城之内，只是见不到统领他们的人。超辩法师颇感惊异，便向他们询问缘由。他们答道："有景福寺尼僧法辩，将来我处做首领，明天就应抵达。"

到了圆寂那天，法辩直感到肌肉在颤动，便预感到化期将至，于是就派人昭告徒众，让她们统统前来。尼众集齐后，法辩说道："有位神异之人已经来到我的身旁，他或显或隐，如影如云。"话刚说完，就坐着入灭了。

其后又有道照、僧辩，也是以精进励节而闻名于世。其中道照，俗姓杨，北方徐县（今江苏北部）人。她食素诵经，被临贺王奉养至终。

江陵三层寺道综尼

原典

道综，未详何许人，住江陵三层寺。少不以出众居心，长不以同物为污。汎[①]贤愚之际，从道而已。迹虽混成，所度[②]潜广。

以宋大明七年三月十五日夜，自练油火，关颡[③]既然，耳目就毁，诵咏不辍。道俗咨嗟，魔正同骇。率土闻风，皆发菩提心[④]。

宋征士刘虬[⑤]，雅相宗重，敬为制偈赞云。

注释

①**汎：**疑为“泛”之误，即从容漂荡。

②**度：**度人为善。

③**关颡：**颡，指人的前额。关颡，泛指头部。

④**菩提心：**全称阿耨多罗三藐三菩提心，即求无上正等正觉菩提之心。菩提心为一切诸佛种子，净法长养之良田，若发起此心勤行精进，当得成就无上菩提。菩提心为一切正愿之始、菩提之根本、大悲及菩萨学之所依。大乘菩萨最初必须发起大心，称为发菩提心。

⑤**刘虬：**宋齐时荆州隐士，曾注《法华经》《无量义经》，均佚，仅存《无量义经序》于《祐录》中。

译文

道综，不知是何处人。她住在江陵（今湖北江陵）三层寺中。年幼时不求超群出众，长大后不愿随波逐流。她俯仰于贤愚之际，最终能皈依大道，去恶从善。她虽然隐晦人群中，不求显达，但以自己的现身说法，使许多人去恶除邪，立登善果。

宋孝武帝大明七年（公元四六三年）三月十五日夜间，道综自炼油火，焚身以求超脱。火已烧至头额，耳目即将烧毁，她仍诵念不已。当时，无论是出家众或在家众，听说的无不感叹；无论是轻慢三宝者或正信佛子，听闻的无不震惊；境域中人闻风之后，也都生发菩提之心。

宋隐士刘虬，对道综向来很敬重，曾为她写过偈语赞辞。

竹园寺慧浚尼

原典

慧浚，本姓陈，山阴人也。幼而颖悟，精进迈群。旦辄烧香运想，礼敬移时；中则菜蔬一饭，鲜肥不食。虽在居家，有如出俗。父母不能割其志，及年十八，许之从道。

内外坟典①，经眼必诵；深禅秘观②，无不必入。静而无竞，和而有节；朋游旧狎③，未尝戏言。宋太宰江夏王义恭④，雅相推敬，常给衣药，四时无爽⑤。不畜私财，悉营寺舍。竹园成立，浚之功也。

禅味之乐，老而不衰。年七十三，宋大明八年卒，葬于傅山。

同寺有僧化尼，聪颖卓秀⑥，多诵经律，蔬食苦节，与浚齐名。

注释

①**坟典：**伏羲、神农、黄帝之书谓之“三坟”。坟典本指儒家经典。这里所谓“内外坟典”，指佛门内外的一切经籍。

②**深禅秘观：**禅悟的奥秘。

③**旧狎：**故友。

④**义恭：**宋武帝刘裕子，出为荆州刺史，后镇领南徐、兖、扬三州，封江夏王，后为宋后废帝残杀。崇佛，对佛寺供觏甚多，《高僧传》慧益、昙颖、弘光传，《续高僧传》僧旻传以及《比丘尼传》等均载其供佛行迹。

⑤**爽：**失。

⑥**卓秀：**卓然秀出。

译文

慧浚，俗姓陈，山阴（今浙江绍兴）人。她自幼颖悟，锐意精进，心智超群。晨起就焚香运思，久参礼拜；中午仅菜蔬一饭，不食鲜肥食品。虽是在家之人，却俨然出家一般。父母不能改变她的志向，终于听任她出家脱俗，时年十八岁。

她出家之后，对佛门内外经典，一览便能成诵；对禅家静观之妙，无不志在深研。她静寂无喧躁之心，和悦有温恭之仪，待亲朋、遇老友，也从未有过浪言戏语。宋太宰江夏王刘义恭，对她颇为推重，常以衣药供养她，一年四季，从不间断。她不蓄私财，凡有所得，无不用来营造寺舍。竹园寺的建立，正是仰仗她的功劳。

她津津味禅，陶然自乐，老而不衰。宋孝武帝大明八年（公元四六四年）圆寂，享年七十三岁。圆寂后，葬在傅山。

同寺中又有僧化尼，聪颖出众，勤诵三藏，蔬食苦节，与慧浚齐名。

普贤寺宝贤尼

原典

宝贤，本姓陈，陈郡人也。十六丁[①]母忧，三年不食谷，以葛芋自资；不衣纩缯[②]，不坐床席。十九出家，住建安寺。

操行精修，博通禅律。宋文皇帝深加礼遇，供以衣食。及孝武，雅相敬待，月给钱一万。明帝即位，赏接弥崇。以泰始元年，敕为普贤寺主。

二年又敕为都邑僧正[③]。甚有威风，明断如神；善论物理，群枉[④]必释。秉性刚直，无所倾挠。

初，晋兴平中[⑤]净检尼，是比丘尼之始也。初受具戒，指[⑥]从大僧。景福寺惠果[⑦]、净音等，以谘求那跋摩。求那跋摩云："国土无二众，但从大僧受得具戒。"

惠果等后遇外国铁萨罗尼等至，以元嘉十一年，从僧伽跋摩，于南林寺坛重受具戒。非谓先受不得，谓是增长戒善[⑧]耳。后诸好异者，盛相传习，典制[⑨]稍亏。

元徽二年，法颖[⑩]律师于晋兴寺，开《十诵律》[⑪]题。其日有十余尼，因下讲欲重受戒。贤乃建僧局[⑫]，赍[⑬]命到讲座，鸣木宣令，诸尼不得辄复重受戒。若岁审[⑭]未满者，其师先应集众忏悔竟，然后到僧局，僧局许可，请人鉴捡，方得受耳。若有违拒，即加摈斥。因兹已后，矫竞暂[15]息。

在任清简，才兼事义[16]，安众惠下，肃然寡欲，世益高之。年七十七，升明元年卒。

注释

①**丁：**遭逢。

②**纩缯：**此指华贵衣服。纩，丝绵衣。缯，丝织物的总称。

③**都邑僧正：**僧正是六朝时的全国最高僧官，宋赞宁《僧史略》卷中："所言僧正者何？正，政也。自正正人，克敷政令故云也。盖以比丘无法……渐染俗风，将乖雅则，故设有德望者，以法而绳之，令归于正，故曰僧正也。"因僧正多在京都，也称都邑僧正、京邑大僧正。宝贤乃有史记载的第一位比丘尼僧正。(《大正》五十四·页二四二下)

④**群枉：**《大正藏》作"屈枉"。

⑤**晋兴平中：**疑"晋升平中"之讹误。

⑥**指：**只。

⑦**惠果：**应为"慧果"，本卷《慧果尼传》亦不作

"惠"，考《高僧传》《僧史略》均作"慧果"。本卷《慧果尼传》谓元嘉九年慧果从僧伽跋摩受戒，元嘉十年卒。而此传云："惠果等后遇外国铁萨罗尼等至，以元嘉十一年，从僧伽跋摩于南林寺坛重受具戒。"疑为误记。

⑧**戒善**：持戒的善根。

⑨**典制**：佛教说明戒的要义，分别有四，即戒法、戒体、戒行、戒相。戒法，指佛陀制定不可杀、盗、淫、妄等戒律，作为行者规范、禁戒之法。戒体，谓领受戒法后，于行者身心发得戒之体性。戒行，乃发得戒体后，护持身、口、意三业不失，持心而不散。戒相，随其持戒，成就威仪之行，则一切举止皆如法，美德光显，故称戒相。这里所说的"典制"指戒法。

⑩**法颖**：宋、齐时比丘，敦煌索氏子。出家后，初住凉州公府寺，精修律藏，于戒学深所贯通。元嘉末，往金陵新亭寺，宋孝武帝擢为都邑僧正，为京中著名律师。以建元四年（公元四八二年）圆寂，寿六十七。撰有《十诵戒本》及《羯磨文》。

⑪**《十诵律》**：佛逝世百年后，随着部派的分裂，律藏分为五部，萨婆多（一切有）部，称为十诵律，将六十一卷《律藏》，分十次诵出。

⑫**僧局**：管理僧尼的部门，比丘尼建僧局，此为首见。

⑬赍：持。

⑭审：确实。南北朝时常用术语。

⑮暂：迅速。《北史》卷九十《徐之才传》："帝每发动，暂遣骑追之。"

⑯事义：事指处理具体事务，义指佛法义理。

译文

宝贤，俗姓陈，陈郡（今河南沈丘）人。十六岁时母亲去世，她于是三年不吃粮食，仅以葛芋充饥；又不穿丝绵，并按戒律规定，不坐床席。十九岁时，她离俗出家，住在建安寺中。

在这里，她精进修习佛道，广通禅学戒律。宋文帝对她深为崇奉，优礼有加，常以衣食供养她。至宋孝武帝时，对她也深加礼遇，每月以一万钱供养她。宋明帝即位后，对她更是赏誉备至，供养尤为优厚。泰始元年（公元四六五年），赐令她为普贤寺主。

泰始二年（公元四六六年），又敕令擢升她为都邑尼僧正，成为当时京城中最高的僧官。她视事颇有威仪，明断宛如神授；又善究物理人情，使所有屈枉的人事定能得以开释。她秉性刚正不阿，为人不折不挠。

当初，晋升平年间的净检尼，乃中土比丘尼之祖。

她初受具足戒，仅从大僧受，而未从比丘尼受。后景福寺慧果、净音等，曾就此向求那跋摩讨教。求那跋摩答道："如果国家比丘、比丘尼二众不齐备，尼僧受持具足戒也可以只从大僧受。"

慧果等尼僧后又遇到外国铁萨罗尼等来到京都，便在元嘉十一年（公元四三四年），从僧伽跋摩，在南林寺戒坛又重受了具足戒。当然，这并不是说先前比丘尼仅从大僧处受戒不行，而是说通过重受具足戒这一仪式，可以增长持戒的善根。但到了后来，许多尚奇好异之人，对此盛相传习，随意求得重受具足戒，因而使比丘尼戒法渐渐有了亏损。

宋后废帝元徽二年（公元四七四年），研究《十诵律》的专家法颖律师在晋兴寺开讲《十诵律》题。那天，约有十多个尼僧，趁开讲时走下讲座想重受具足戒。鉴于这种漫然无规的情况，宝贤便建了僧局。她持令来到讲座，并鸣木宣令，告诫尼众不得随意重受戒律。倘若尼僧年岁确实未满的，她的戒师应事先聚众，行忏悔礼拜，待忏悔完毕，再到僧局申请重受戒。等僧局许可，并派人审核之后，方才可以受戒。倘有违拒之人，便对她加以摈斥。从此以后，随意重受戒律的矫竞之风迅速得到了制止。

宝贤在任极清简，对寺院管理及研修义学二者均很擅长，又能爱护下属，清心寡欲，故而世人愈益敬崇她。她于宋顺帝升明元年（公元四七七年）圆寂，世寿七十七。

普贤寺法净尼

原典

法净，江北人也。年二十值乱，随父避地秣陵。门修释教，净少出家，住永福寺。戒行清洁，明于事理；学思精研，深究义奥。与宝贤尼名辈[①]略齐。

宋明皇帝[②]异之。泰始元年，敕住普贤寺。宫内接遇，礼兼师友。二年敕为京邑都维那[③]。在事公正，确然[④]殊绝；随方引汲，德化如流。荆楚诸尼，及通家[⑤]妇女，莫不远修书𧷤，求结知识[⑥]。其陶冶德风，皆此类也。谘其戒范[⑦]者七百人。

年六十五，元徽元年卒。

注释

①**名辈：**名望、辈分。

②**宋明皇帝：**刘彧，字休景，小字荣期，宋文帝第十一子，初封淮阳王，后改封湘东王，大明九年即位，改元泰始，卒于泰豫元年。

③**京邑都维那：**当时全国最高僧官僧正的副职，助理僧正之事。又称都维那。

④**确然**：果断的样子。

⑤**通家**：大家。

⑥**知识**：相识、友好，此指有道行之朋友。

⑦**谘其戒范**：咨询有关戒律的知识，并从其受戒。

译文

法净，江北（泛指长江之北）人。二十岁时遭逢战乱，就和她的父亲一起避难到秣陵（即今江苏南京）。因家门世代奉佛，法净自幼就脱俗出家，居住在永福寺中。她戒行洁净，明达事理，学思精恳，精研不辍，对佛法奥义，无不深究妙测，与宝贤尼名望、辈分大致相等。

宋明帝十分敬重她，泰始元年（公元四六五年），赐令她居住在普贤寺。又在宫内召见她，备尽事师和朋友的礼仪。泰始二年（公元四六六年）又令她为京邑都维那，职位之高仅次于宝贤尼。她任事公允，果断而有胆识；随方施教，德化宛如清流。故而荆楚尼众以及大富家的女子，无不致书通好，远送施供，争着和她相识。她潜移默化的陶冶德风，大都是这样。当时，向她求教戒律并从她受戒的，共有七百多人。

她享年六十五，于宋后废帝元徽元年（公元四七三年）辞世。

蜀郡永康寺惠曜尼

原典

惠曜，本姓周，西平人也。少出家，常誓烧身供养三宝。泰始末，言于刺史刘亮[①]，亮初许之。有赵虔恩妾王氏甓塔[②]，曜请塔上烧身，王氏许诺。

正月十五日夜，将诸弟子，赍持油布，往至塔所。装束未讫，刘亮遣信[③]语诸尼云："若曜果烧身者，永康一寺，并与重罪。"曜不得已，于此便停。

王氏大嗔云："尼要[④]名利，诈现奇特，密货内人作如此事。不尔，夜半城内那知？"

曜曰："新妇勿横生烦恼[⑤]，舍身关我，傍人岂知？"于是还寺，断谷，服香油。

至升明元年，于寺烧身。火来至面，诵经不辍。语诸尼云："收我遗骨，止得二升。"及至火灭，果如其言。

未烧之前一月日许，有胡僧[⑥]，年可二十，形容端正，髀[⑦]生黑毛，长六七寸，极细软。人问之，译语答云："从来不覆，是故生毛耳。"

谓曜曰："我住波罗奈国[⑧]，至来数日，闻姊欲舍身，故送银罂[⑨]相与。"

曜即顶受[10]，未及委[11]悉，匆匆辞去。遣人追留，出门便失。以此罂盛其舍利[12]，不满二合[13]云云。

注释

①**刘亮：**《南史》卷十七谓其“少工刀楯，以军功封顺阳县侯，历梁、益二州刺史。在任廉俭，所得公禄，悉以还官，宋明帝下诏褒美。亮在梁州忽服食，欲至长生，迎武当山道士孙怀道使合仙药，药成，服之而卒”。

②**甓塔：**砖塔。

③**信：**使者。《世说新语·雅量篇》：“谢公与人围棋，俄而谢玄淮上信至。”

④**要：**同“邀”。

⑤**烦恼：**又作惑。使人身心发生恼、乱、烦惑、污等精神作用之总称。人为达到我欲、我执的目的，而常沉沦于苦乐的境域，而招致烦恼之束缚。烦恼通常分为根本烦恼及随烦恼两种。

⑥**胡僧：**胡地僧人。胡是中原人对西域少数民族的称呼。

⑦**髀：**大腿。

⑧**波罗奈国：**又译波罗奈斯，在印度中部。

⑨**罂：**小口大腹的盛酒器。

⑩**顶受：**顶礼膜拜以接受。

⑪**委：**知道。《高僧传·释宝志》："此宝公与江南者，未委是一人也两人也。"

⑫**舍利：**死尸、遗骨之意。通常指佛陀之遗骨，而称佛骨、佛舍利，其后亦指高僧死后荼毗所遗之身骨。

⑬**合：**度量单位，十合为一升。前说得"二升"，后作得"二合"，疑似其中有一误。

译文

惠曜，俗姓周，西平（今云南沾益）人。年幼时出家，常发愿要焚身供养三宝。宋明帝泰始末年（约公元四七一年），她向刺史刘亮谈及此愿，刘亮起初表示同意。当时赵虔恩之妾王氏有一甓塔，惠曜便请求在塔上烧身，王氏也表示赞同。

正月十五日夜间，她领着众弟子，拿着油布，前往甓塔。她打扮装束尚未完毕，刘亮就遣使前来告诫各位尼僧："假使惠曜焚火烧身，那么永康一寺的尼众，都将和她一起治以重罪。"惠曜迫不得已，只得停止烧身。

王氏见她烧身未成，大为嗔怒，说道："惠曜尼不过是徼求名利，才假装做出这眩人耳目的举动，暗中买通了城里人，让他们到时来加以制止。不然的话，夜半三更城内的人又怎能知道她烧身呢？”

惠曜听后，正言作答：“你不要妄生烦恼，舍身是我的事，别人又岂能知道？”于是她返回永康寺，从此绝食五谷，只服香油。

到了宋顺帝升明元年（公元四七七年），她在永康寺中燃火烧身。火已烧到脸上，她依然诵经不停。她告诉众尼说：“收拾我的遗骨，不过二升而已。”火灭之后，果如其言。

她舍身前个把月，曾有一西域僧人，年约二十岁，仪表端正，大腿上长满黑毛，长六七寸，极细软。人问其故，他答道：“我向来衣不蔽体，所以才生长出这些黑毛。”

他对惠曜说：“我住在波罗奈国，到你们这里已有多日，听说你要舍身，就特意送来一个银罂。”

惠曜顶礼膜拜一番，就收下了这个银罂。她还没来得及仔细了解这位僧人的情况，他就匆匆辞别而去。惠曜想派人把他追回留下，不料他刚一出门，就不见了踪影。惠曜死后，弟子就用这一银罂盛其遗骨，结果不满二合。

4　齐

东莞曾成法缘尼

原典

法缘者，本姓俞，东莞曾成人也。宋元嘉九年，年十岁，法缘妹法彩，年九岁。未识经法。忽以其年二月八日，俱失所在，经三日而归。说至净土天宫[①]见佛，佛为开化[②]。至九月十五日又去，一旬乃还。便能作外国书语及讲经，见西域人言谑，善相了解。

十年正月十五日又复失去。田中作人，见其随风飘扬上天。父母忧惧，祀神求福。既而经月乃返。

返已出家，披着法服，持发而归。自说见佛及比丘尼[③]，语云："汝前世因缘，应而为我弟子。"举手摩头，发自堕落。为立法名，大曰法缘，小名法彩。临遣还曰：“可作精舍，当与汝经也。”

法缘等还家，即毁神座，缮立精舍，昼夜讲诵。夕中每有五色光明④，流泛峰岭，有若灯烛。自此已后，容止华雅，音制诠正，上京⑤讽诵，不能过也。

刺史韦朗、孔默，兼⑥并⑦屈供养，闻其谈说，甚敬异焉。因是士人皆事正法。

年五十六，建元中卒也。

注释

①**净土天宫**：此指弥勒净土之兜率天宫。

②**开化**：佛教术语，发蒙解惑。

③**比丘尼**：当指大爱道。

④**五色光明**：表现佛道殊胜功德境界的瑞相之一。《观无量寿经》：“尔时世尊即便微笑，有五色光从佛口出。”

⑤**上京**：京都建康。

⑥**兼**：都。

⑦**并**：一起。

译文

法缘，俗姓俞，东莞曾成（今江苏常州）人。宋文帝元嘉九年（公元四三二年），她十岁，妹妹法彩九岁。当时她俩都不懂佛法。同年二月八日，她俩忽然不见踪影，历时三天又返还原处。自云是到兜率净土觐见佛陀，佛为她俩开化启悟。到了九月十五日，她俩又一起离开，十天后才返回。返回之后，就能书写外国的文字，掌握他们的语言，并能宣说佛经，对西域人的谑谈，也颇能解会。

元嘉十年（公元四三三年）正月十五日，她俩又失去踪影。田中耕作的人曾看见她俩随风飘扬，冉冉腾空。父母对她俩屡次失踪感到忧虑和惧怕，于是便向神灵祷告，祈求神灵赐福保佑。此后不久，大约个把月的时间，她俩才悄然返回。

回来时，她俩已是出家之人，身穿法衣，手持头发，并自述见到了佛陀和比丘尼大爱道。他们告诉她俩说："你们前世因缘，应当成为我们佛门弟子。"说着，又举手摸摸她俩的头，头发便自动落下。佛和大爱道还给她俩取了法名，大的叫法缘，小的叫法彩。到了遣送她俩回来时，又告诉她们说："你们回去后，可建一精舍，我们将赐给你们经书。"

姐妹俩回家以后，就拆毁了神座，修建起一座精舍。她俩置身其中，讲诵经书，昼夜不倦。人们发现，在她俩讲经诵佛的夜里，常会有五色光明，在峰岭之上流辉溢彩，宛如灯烛荧荧透亮。从此以后，她们容貌举止华赡文雅，发音吐语一改故常，清醇而有韵致，即使是京城尼僧讽诵经书，也难以超过她们。

刺史韦朗、孔默，都亲往致意，供奉不绝。听她俩讲经说法之后，又无不大加敬崇，惊异叹赏。因此之故，当时士人也莫不奉持佛门正法。

法缘世寿五十六，卒于建元年间。

南永安寺昙彻尼

原典

昙彻尼，未详何许[①]人也。少为普要尼弟子，随要住南永安寺。要道洁学优，有闻当世。彻秉操无矫，习业不休，佛法奥义，必欲总采[②]。未及成戒，博究经论；具足已后，遍习毗尼[③]。

才堪机务[④]，尤能讲说。剖毫析滞，探赜[⑤]幽隐。诸尼大小，皆请北面[⑥]。随方应会，负帙[⑦]成群。五侯七贵妇女已下，莫不修敬。

年六十三，齐永明二年卒。

注释

①**何许**：何所。陶渊明《读山海经十三首》之四："丹木生何许？乃在峚山阳。"

②**总采**：博收广采。

③**毗尼**：戒律。

④**机务**：重大事务。嵇康《与山巨源绝交书》："机务缠其身，世故繁其虑。"

⑤**赜**：深。探赜：窥探幽深。《易·系辞上》："探赜

索隐，钩深致远，以定天下之吉凶，成天下之亹亹者，莫大乎蓍龟。”

⑥**北面**：拜人为师。《汉书·于定国传》：“定国乃迎师学《春秋》，身执经，北面备弟子礼。”

⑦**负帙**：帙，书衣，这里指佛门典籍。负帙：指求学的人，即弟子。

译文

昙彻尼，不知是何处人。年幼时便成为普要尼的弟子，并从师居住在南永安寺中。普要尼道业高洁，学识优洽，在当时很有声望。弟子昙彻尼则秉承师道，操守坚贞而不矫饰，习业精勤而不怠惰，对于佛法奥义，志在广采博收。因此，她在未受戒之前，已广涉了经、律、论三藏；在受具足戒之后，又遍习了佛家的戒律。

她长于处理机要的事务，尤其精擅于讲经说法。每当她宣讲经书时，总能剖析精微，开释疑滞，妙测旨奥，故而大小尼众，无不请求受教而奉她为师。她随方应会，施教有方，故而背负经籍前来请教的人很多。当时豪门显贵的大家女子，都对她十分敬重。

昙彻尼世寿六十三岁，在齐武帝永明二年（公元四八四年）去世。

崇圣寺僧敬尼

原典

僧敬，本姓李，会稽人也，寓居秣陵。僧敬在孕，家人设会，请瓦官寺僧超①、西寺②昙芝尼，使二人指腹，呼胎中儿为弟子。母代儿唤二人为师，约不问男女，必令出家。

将产之日，母梦神人语之曰："可建八关③。"即命经营。僧像未集，敬便生焉。闻空中语曰："可与建安寺④白尼作弟子。"母即从之。

及年五六岁，闻人经呗⑤，辄能诵忆。读经数百卷，妙解日深。菜蔬刻己，清风渐著。

逮元嘉中，鲁郡孔默出镇广川，携与同行。遇见外国铁萨罗尼等来向宋都，并风节⑥峻异，更从受戒，深悟无常。

乃欲乘舶泛海，寻求圣迹⑦。道俗禁闭，留滞岭南三十余载。风流所渐，犷俗⑧移心。舍园宅施之者十有三家，共为立寺于潮亭，名曰众造。

宋明帝闻之，远遣征迎。番禺道俗，大相悲恋。还都，敕住崇圣寺⑨，道俗向慕，服其进止。丹阳乐遵，为敬舍宅立寺，后迁居之。齐文惠帝、竟陵文宣王并钦风德，𩞾施无碍。

年八十四，永明四年二月三日卒，葬于钟山之阳。弟子造碑，中书侍郎吴兴沈约制其文[10]焉。

注释

①**僧超**：齐梁时著名僧人，初住瓦官寺，后至京北禅冈寺，气质高朗，善为谈论，为时所重。

②**西寺**：其时建康著名尼寺之一。

③**八关**：八关斋，又称八戒斋。其内容为：一、不杀生，二、不偷盗，三、不淫，四、不妄语，五、不饮酒，六、不涂香鬘，七、不自歌舞且不观听，八、不坐卧于高广之床座，九、不过中食。前八者为戒，后一为斋。

④**建安寺**：宋、齐时京中尼寺，当时京中名尼宝贤等曾居于此。

⑤**经呗**：梵呗，诵经声。慧琳《一切经音义》六十五："经呗，僧尼法事梵呗声也。"

⑥**风节**：风范操守。

⑦**圣迹**：佛陀传教说法的踪迹。

⑧**犷俗**：犷悍粗莽的习俗。

⑨**崇圣寺：**南朝之崇圣寺在金陵，隋开皇中亦设崇圣寺，寺所在彭城。

⑩**沈约制其文：**沈约曾撰《比丘尼僧敬法师碑》，文载《艺文类聚》卷七十六。其文云："立言道往，标情妙觉。置想依空，练心成学。缊日悠展，疏年缅邈，风迁电改，斯理莫违。神有殊适，形无异归，临泉结恸，有怆徂晖。松飙转盖，山雨披衣。载刊贞轨，永播余徽。"

译文

僧敬，俗姓李，会稽（今浙江绍兴）人。后迁徙寓居在秣陵（今江苏南京）。她还没出生时，家人曾设一法会，请来了瓦官寺僧超和西寺昙芝尼，请二人指腹，称胎中儿为弟子。僧敬的母亲就代替腹中之子认二人为师。双方彼此约定，腹中之子无论是男孩还是女孩，都定要让他（她）脱俗出家。

临近产期的一天，僧敬的母亲曾做了一个梦，梦见一位神人告诉她说："你可受八关斋戒。"她于是就叫人着手准备做斋戒的事。供奉的僧像还没有制成，僧敬便呱呱落地了。她出世时，听见空中传语说："可让你的女儿去建安寺，做白尼的弟子。"母亲就照所说的做了。

五六岁时，僧敬颖悟非常，听人诵经，总是很快就能诵读和记忆。曾读经籍数百卷，体认也逐日加深。她净身寡欲，苦节自励，不恋口欲，唯以菜蔬果腹充饥，故而清俭的风范逐渐被世人所传闻。

到了宋文帝元嘉年间，鲁郡（今山东曲阜）人孔默出守广川（今河北景县西南），就携她同行。途中遇见外国铁萨罗尼等一行来宋都建康，她们风范操守无不峻迈，卓然出众，于是就从她们受戒，深深领悟到佛门的无常妙理。

尔后，僧敬又想乘船泛海，到西域去寻求圣人的踪迹。佛门内外的人纷纷阻止她前往，使她滞留岭南三十多年。在滞留的三十多年里，风化所被，已使岭南犷悍的习俗发生变化，使人们相率笃念佛门。当时，割舍园宅施给她的共有十三家，他们共同为她在潮亭修建了一座精舍，并取名为“众造”。

宋明帝听说后，特遣使者远道征迎。番禺（今广东广州一带）的善男信女听说她将被召回，都深感悲伤和眷恋。僧敬返回建康后，齐明帝敕令她居住在崇圣寺，道俗之辈无不向慕，并叹服她的进退举止。丹阳（今江苏南京）乐遵，为她舍宅建寺，后来她就迁居到那里。齐文惠帝、竟陵文宣王都很钦敬她的品行操守，因而供奉源源不绝，从未间断。

她享年八十四，齐武帝永明四年（公元四八六年）

二月三日圆寂，安葬在钟山的南面。她的弟子为她建了一座碑，碑文由中书侍郎吴兴（今浙江湖州）沈约撰制。

盐官齐明寺僧猛尼

原典

僧猛，本姓岑，南阳人也。迁居盐官县，至猛五世矣。曾祖率，晋正员郎[①]、余杭令。世事黄老，加信敬邪神。猛幼而慨然，有拔俗之志。年十二，父亡，号哭吐血，死而复苏。三年告终，示不灭性[②]。

辞母出家，行己清洁，奉师恭肃；疏粝[③]之食，止存支命；行道[④]礼忏[⑤]，未尝疲怠。说悔先罪[⑥]，精恳流泪，能行人所不能行。益州刺史吴郡张岱[⑦]，闻风贵敬，请为门师[⑧]。

宋元徽元年，净度尼入吴，携出京城[⑨]，仍住建福寺。历观众经，以日系夜，随逐讲说，心无厌倦。多闻强记，经耳必忆，由是经律皆悉研明。澄情宴坐[⑩]，怕[⑪]然不侧。

齐建元四年，母病返东。舍宅为寺，名曰齐明。缔构殿宇，列植竹树，内外清靖，状若仙居。饥者撤膳以施之，寒者解衣而与之。

尝有猎者近于寺南，飞禽走兽竞来投猛，而鹰犬驰逐，相去咫尺。猛以身手遮遏，虽体被啄啮，而投者获免。

同止数十人，三十余载，未尝见其愠怒之色。年七十二，永明七年卒。

时又有僧瑗尼，猛之从弟女也，亦以孝闻。业行高邈，慧悟凝深也。

注释

①**正员郎**：汉置，散骑侍郎的别称，魏晋因之，相当于后世中之尚书郎中。

②**灭性**：旧谓因丧亲遇悲而危及性命。《孝经·丧亲》："教民无以死伤生，毁不灭性。"

③**疏粝**：粗粝。

④**行道**：奉行佛道。

⑤**礼忏**：礼拜忏悔。

⑥**说悔先罪**：佛家认为，人之身、口、意三业常会做出有悖于理的事，此为罪，乃成为人立登善果之障碍。故于忏悔中去除罪恶，从善而行。

⑦**张岱**：字景山，曾官山阴令、益州刺史、吴郡太守等。

⑧**门师**：家中传授佛法之师。

⑨**出京城**：至京都。

⑩**宴坐：**坐禅的别称。

⑪**怕：**“泊”之本字，恬淡。

译文

僧猛，俗姓岑，南阳（今河南南阳）人。祖上曾迁居到盐官县（今属陕西），到僧猛已是第五代了。她的曾祖叫岑率，任晋正员郎、余杭（今浙江杭州北）令。世代信奉黄老之学，又信敬外道诸神。僧猛年幼时，对此慨叹不已，便有了超然拔俗的志向。十二岁时，遭逢父丧，她悲痛号哭以至吐血，几度死而复生，过了三年便趋平静，以表明自己不因丧亲过于悲痛而危及生命。

后来，她告别了母亲，成为一个出家之人。出家后，她恪守戒规，律己廉洁，奉师恭谨；又不贪口欲，食唯粗粝，只求存命；但行道忏悔，悉心礼佛，未尝稍有懈怠。每当她忏悔自己的罪业时，总是精诚备至，落泪涟涟，能做别人所不能做的事。当时，益州（今四川成都）刺史吴郡（今江苏苏州）张岱，听说她的嘉行之后，对她十分敬重，便延请她到家中传授佛法。

宋后废帝元徽元年（公元四七三年），净度尼到吴地（今江苏苏州）来，携她赴京城建康，就住在建福寺中。她在这里，遍览众多经籍，常常夜以继日，且逐次加以讲说，心中毫无厌倦。她博闻强记，凡所听闻诵念，必成记忆。因此佛门经、律，无不究研明悉。她澄情净虑，寂然坐禅，淡然不侧。

齐高帝建元四年（公元四八二年），因母亲病重，她返回故里。回来后，她施舍出自己的住宅，建了一座寺庙，取名为齐明寺。寺内构筑殿宇，竹树植立成行，内外清洁宁静，宛似仙人居所。在这里，僧猛广施善举，普爱众生。见到饥苦的人，她就以食相助；见有贫寒无衣的人，她又解衣相施。

有一次，一群人正在围猎，已临近齐明寺的南面，受惊的飞禽走兽，争相投奔僧猛，猎人的鹰犬紧追不舍，相距仅有咫尺之遥。僧猛忙用身体、手臂去阻挡，使飞禽走兽幸免于难，而她自己却惨遭鹰啄狗咬，遍体鳞伤。

当时与她同住齐明寺的共有好几十人，三十多年来，她们从未见过僧猛愠怒的表情。她享年七十有二，于永明七年（公元四八九年）入灭。

当时又有僧瑗尼，她是僧猛从弟的女儿，也以孝顺扬名于世。她业行高远，颖悟超拔，思力精深。

华严寺妙智尼

原典

妙智，本姓曹，河内人也。秉性柔明[①]，陶心大化[②]，执持禁范[③]，如护明珠，心勤忍辱，与物无忤。虽有毁恼，必以和颜。下帷[④]穷年，终日无闷[⑤]，精达法相[⑥]，物共宗之。

禅堂初建，齐武皇帝敕请智讲《胜鬘》[⑦]《净名》[⑧]。开题[⑨]及讲，帝数亲临，诏问无方。智连环剖析，初无遗滞。帝屡称善，四众雅服。

齐竟陵文宣王，疆界[⑩]钟山，集葬名德。年六十四，建武二年卒，葬于定林寺南。齐侍中琅琊王伦妻江氏，为著石赞文序，立于墓左耳。

注释

①**柔明：**柔顺洁净。

②**大化：**佛陀的教化。

③**禁范：**戒律。

④**下帷：**放下室内悬挂的帷幕，指教书。《史记·董仲舒传》：“下帷讲座。”这里指闭门读经。

⑤**闷：**烦扰、烦懑。

⑥**法相：**诸法实相。

⑦**《胜鬘》：**全称《胜鬘师子吼一乘大方便方广经》，简称《胜鬘经》。南朝刘宋求那跋陀罗译。本经为大乘如来藏系经典中代表作之一。内容叙述胜鬘夫人对释尊立十大誓愿、三大愿，并自说大乘一乘法门，阐释圣谛、法身、如来藏等。

⑧**《净名》：**《净名经》，《维摩诘经》之异名。

⑨**开题：**解释经文之题目。

⑩**疆界：**划分疆界。

译文

妙智，俗姓曹，河内（今河南沁阳）人。她天性柔和明净，潜心于佛法，秉持戒律，如护明珠，忍辱负重，与人无争。即使遇上毁害烦恼之事，也总是心解意开，出之以和颜悦色。她穷年累月地下帷苦读，整日精研，不觉烦闷，因此精通诸法实相，广受人们尊崇。

在她的禅堂刚建成时，齐武帝便传旨延请她宣讲《胜鬘经》《净名经》。到了解释题号、正式宣讲时，齐武帝也多次亲临，并提出各种各样的问题，但妙智连环解析，对答如流，一无滞碍。齐武帝因此对她大为敬重，屡加称赞，佛门四众也因此十分敬服她。

齐竟陵文宣王在钟山划分疆界，集中安葬那些有德望的僧人。妙智享年六十四，在建武二年（公元四九五年）去世。死后便葬在定林寺南面那片僧尼的葬区。齐侍中琅邪王伦的妻子江氏，因敬重她的操守道业，为她撰写了石赞文序，并把它立在墓的左面。

建福寺智胜尼

原典

智胜者，本姓徐，长安人也，寓居会稽，于其三世。六岁而随王母[①]出都，游瓦官寺[②]。见招提[③]整峻，宝饰严华，潸焉泣涕，仍[④]祈[⑤]剪落[⑥]。

王母问之，具述此意，谓其幼稚而未许之。宋季多难，四民失业；时事纷纭，奄冉[⑦]积载。年将二十，方得出家。

住建福寺，独行无伦，绝尘难范。听受《大般涅槃经》，一闻能持，后研律藏，功不再受。总持[⑧]之誉，佥然改约。自制数十卷义疏，辞约而旨远，义隐而理妙。

逢涅不缁，遇磨不磷。[⑨]大明中，有一男子，诡期抱梁[⑩]，欲规[⑪]不逊，胜刻意渊深，持操壁立。正色告众，众录[⑫]付官。守戒清净，如护明珠。

时庄严寺[⑬]昙斌法师弟子僧宗、玄趣，共直[⑭]佛殿，慢藏致盗，乃失菩萨璎珞及七宝澡罐。斌衣钵之外，室如悬罄，无以为备。忧慨辍讲，闭房三日。胜宣告四部[⑮]，旬日备办。德感化行，皆类此也。

齐文惠帝[⑯]闻风，雅相接召，每延入宫，讲说众经。

司徒竟陵文宣王[17]倍宗敬焉。胜志贞南金，心皎北雪，才成[18]尼众，实允物望。令旨仍使为寺主，众所爱敬，如奉严尊[19]。

从定林寺僧远[20]法师受菩萨戒，座侧常置香炉，胜乃捻香。远止之曰："不取火，已信宿[21]矣。"所置之香，遂氲霭流烟，咸叹其肃恭表应若斯也。

永明中，作圣僧斋[22]，摄心祈想，忽闻空中弹指，合掌侧听。胜居寺四十年，未尝赴斋会，游践贵贱。清闲静处，系念思维，故流芳不远。

文惠帝特加供俸，日月充盈，缔构房宇，寺众崇华。胜舍衣钵，为宋齐七帝造摄山寺[23]石像。

永明十年寝疾，忽见金车玉宇，悉来迎接。到四月五日，告诸弟子曰："吾今逝矣。"弟子皆泣。乃披[24]衣出胸，胸有草"善佛"字，字体鲜白，色相明润。八日正中而卒，年六十六，葬于钟山。文帝[25]给其汤药，凶事所须，并宜官备也。

注释

①**王母：**祖母。

②**瓦官寺：**亦称瓦棺寺。东晋兴宁（公元三六三—三六五年）年间沙门慧力乞王导之地，初立塔堂。简文

帝时，竺法汰扩建此寺，戴逵、顾恺之等在寺壁作画，一时成为当时著名寺院。

③**招提：**寺院之异名。

④**仍：**乃、就。

⑤**祈：**祈求。

⑥**剪落：**剃度为僧。

⑦**奄冉：**犹荏苒，时间慢慢地流逝。陶潜《闲情赋》："时奄冉而就过。"

⑧**总持：**梵文陀罗尼的意译，谓持善不失，持恶不生，无有遗漏。《维摩经·佛国品》："心常安住，无碍解脱，念定总持，辩才不断。"

⑨**逢涅不缁，遇磨不磷：**涅，黑色染料。缁，黑色。逢涅不缁意为用黑色染料染也染不黑。磷，薄也。遇磨不磷谓磨也磨不平，喻其坚硬。语出《论语·阳货》："不曰坚乎，磨而不磷，不曰白乎，涅而不缁。"

⑩**抱梁：**又称抱柱。为恋情而立下誓死之愿。李白《长干行》："常存抱柱信，岂上望夫台。"

⑪**规：**图谋。

⑫**录：**捉拿。

⑬**庄严寺：**此当指大庄严寺，寺址建康。晋永和四年（公元三四八年）建，初名塔寺，乃镇西将军舍私宅而建。其地南通竹格港，面临秦淮河，六朝时为义学枢

府。除昙斌法师外，时名僧僧璩律师、慧熠律师亦居于此。昙斌为宋齐时义学巨匠，僧宗、玄趣皆为其弟子，生平未详。

⑭**直：**同“值”，管理。

⑮**四部：**指佛门四众弟子，即比丘、比丘尼、优婆塞、优婆夷。

⑯**齐文惠帝：**文惠太子萧长懋。

⑰**竟陵文宣王：**萧子良。

⑱**才成：**亦作“裁成”，即总领。《周易》：“裁成万物。”

⑲**严尊：**父母。

⑳**僧远：**俗姓皇，十八岁出家，宋孝武帝大明中渡江至京都，住彭城寺，后移居上定林寺，宋明帝请为戒师，永明二年（公元四八四年）卒。

㉑**信宿：**连宿两夜。《左传·庄公三年》：“凡师一宿为舍，再宿为信，过信为次。”《诗·豳风·九罭》：“公归不复，于女信宿。”

㉒**圣僧斋：**禅林僧堂所置之像供礼拜之用，即为圣僧。圣像根据具体人物，有文殊、大迦叶等。圣僧斋乃佛家斋会的一种，会合众僧以施斋食，也是佛门弟子会合交流切磋的一种形式。

㉓**摄山寺：**地址建康，刘宋时明僧给舍宅而为沙门

僧度建此寺。初名摄山寺，南齐永明年间更名栖霞寺。

㉔**披**：揭开。《史记·项羽本纪》："披帷西向立。"

㉕**文帝**：疑为齐文惠帝之误。

译文

智胜尼，俗姓徐，祖籍长安（今陕西西安）人，后寓居在会稽（今浙江绍兴），到她已有三代了。六岁时，曾随祖母一道去京都建康，游历京中名寺瓦官寺，见这一历史悠久的寺庙整饬严峻，华丽非常，便禁不住潸然泪下，于是她就请求剃度出家。

祖母问她，她将自己想出家的意愿和盘道出，祖母觉得她年纪太小，因而没有准许。刘宋时期，战乱频仍，民生凋敝，这种混乱的局面，一直延续了很多年。也因此，她直到年近二十岁的时候才获允出家，成为修道的尼僧。

出家后，她住在建福寺，独行特立，超尘绝世。曾听受《大般涅槃经》的讲座，一听便能掌握其中的意涵，后来又转而专修律学。由于她颖悟非凡，稍加涉猎便能觉解，无需再为之讲授，加之能持善不失、持恶不生，戒行高峻，故而在这基础上，她由博取而转为简收。曾自己撰述了几十卷的律学义疏，卷卷都辞简而旨远，义隐而理妙。

她操守清白如冰雪，虽处浊世不受玷染；意志坚韧似钢铁，不受外境之撼动。宋孝武帝大明年间（公元四五七—四六四年），曾有一男子恋其美色，欲图谋不轨，还假装向她表白，说若不嫁给他，他将寻死。智胜却不为这虚情假意所打动，她早已心归佛陀，持戒壁立，凛然难犯。于是便将此事正颜告诉尼众，众人就将那男子捉拿交付给官府。在这清净地，她守着清净心，就像保护明珠一般。

当时，庄严寺昙斌法师的弟子僧宗、玄趣，共同管理庄严寺，因简慢而致使寺院宝藏被盗，被盗宝物中竟有菩萨璎珞以及七宝澡罐等。昙斌法师除了衣钵之外，皆被盗走，寺院中别无长物，空空如也。遭此不测，昙斌忧虑感慨不已，于是便停止了讲经说法，关门闭户三天。此时，智胜尼就遍告四部中人，不久将重开讲座，使失望的人得到安慰。诸如此类的事，都体现了智胜尼以德化感动众生的高行。

齐文惠帝萧长懋听说此事后，以礼相见，待之甚恭，每每延请她入宫中，讲解众经。竟陵文宣王萧子良也对她备加崇敬。智胜志向坚贞，如南山之金；心灵莹洁，犹北岭之雪。她总领建福寺诸事，也确实不负众望。后朝廷宣旨，让她继续任寺主，寺中尼众对她深相敬爱，奉之犹如自己的父母。

后来她从定林寺的戒学高僧僧远法师受菩萨戒。受戒时，座旁常置有香炉，智胜就以手捻香。僧远阻止她说："我们已连续两夜未取火了，这香是灭的，又怎能捻着？"说着说着，智胜所捻的香竟突然烟氲缭绕。在场的人无不为她以诚心感念的奇异之事而感叹。

齐武帝永明（公元四八三—四九三年）年间，智胜做圣僧斋，正值她凝念入想时，忽然听到空中有弹指的声音，她赶紧合掌叩拜，侧耳倾听。智胜住建福尼寺四十年，很少去参加斋会，也从不到显贵、平民之家去走动化缘。她总是闲居静处，凝思入念，故虽有高行峻节，但却流芳不远。

齐文惠帝对她特加供奉，四季用需相当充足，还为她建房构宇，使建福尼寺尼僧济济，胜境繁华。而智胜也舍弃自己的衣钵之资，为宋、齐七代帝王造摄山寺石像。

齐永明十年（公元四九二年），智胜卧病不起，病中忽见一路金车玉宇，都来迎接她。到了四月五日，她告诉各位弟子："我今天就要离你们而去了。"弟子听说后，无不流泪涟涟。智胜又揭开法衣，但见胸前有草写的"善佛"二字，字体鲜洁，色泽明润。到了四月八日中午时，她入化了，卒年六十六岁。死后，她被安葬在钟山。齐文惠帝供给汤药，丧事用费也全由官府所拨。

禅基寺僧盖尼

原典

僧盖，本姓田，赵国均仁人。父完，梁天水太守。盖幼出家，为僧志尼弟子，住彭城华林寺。忘利养[①]，淡毁誉。

永徽元年[②]，索虏[③]侵州，与同学法进，南游京室，住妙相尼寺。博听经律，深究旨归，专修禅定，惟日弗足。

寒暑不变衣裳，四时恒新；日食但资一菜，中饮而已。受业于隐、审二禅师，禅师皆叹其易悟。

齐永明中，移止禅基寺。欲广弘观道[④]，道俗谘访，更成纷动，乃别立禅房于寺之左，宴默[⑤]其中。出则善诱，谆谆不倦。

齐竟陵文宣王萧子良，四时资给。虽以耆艾，而志尚不衰，终日清虚，通夜不寐。年六十四，永明十一年卒。

时寺又有法延尼者，本姓许，高阳人也。精勤有行业[⑥]，亦以禅定显名。

注释

①**利养**：以利养身，这里指人期求功名利禄的欲望。《智度论》五云："为利养故，为名闻故，恶求多索。"

②**永徽元年**：疑"元徽元年"之讹误。

③**索虏**：南北朝时，双方各以正统自居，南方人称北方人为索虏，北方人称南方人为岛夷，均以蔑视意。称索虏是因为北人编发辫。

④**观道**：观法之道，这里指观禅，通过禅定而观心。《止观大意》："内顺观道，外扶教门。"《往生要集》云："勤心观禅，苦而得道。"

⑤**宴默**：宴坐，佛教用以为禅定之代语。

⑥**行业**：佛教名词，指人的身、口、意所造作之行为。

译文

僧盖，俗姓田，赵国均仁人。她父亲田完，曾任梁天水（今甘肃天水）太守。僧盖自幼出家，为僧志尼弟子，住在彭城（今江苏徐州）华林寺，对浮俗名利、毁誉都一概淡然视之。

宋后废帝元徽元年（公元四七三年），北魏军入侵宋土，僧盖便与同学法进，南游到了建康，居住在妙相尼寺。在那里，她广听经、律讲座，并能深究它的渊义奥理，对禅学兴趣更浓，专心修习禅定，终日不显倦怠。

寒来暑往，她法衣不换，四季常新，不见敝旧。每天仅以一菜充饥，中午不过饮水而已。她在隐、审二禅师处受业学习，禅师对她悟性之高深为叹赏。

齐永明年间（公元四八三—四九三年），移居到禅基寺。她意欲修习禅定之法而弘观禅趣，但佛门内外的人慕名前来，问访不绝，以致此处纷扰喧动，难入禅境，于是她就在寺的左面另建一所禅房，静居其中，寂然入定。每当出定后，她总是走出禅房，广接道俗，谆谆善诱，不知倦怠。

齐竟陵文宣王萧子良对她深为钦敬，因而厚加供给，四季不断。她虽然步入高年，但志向仍未衰减，终日清虚淡朗，整夜不思入眠。世寿六十四，于永明十一年（公元四九三年）入化。

当时又有法延尼，俗姓许，高阳（今河北高阳）人。她精勤不懈，颇具风范，也以禅定扬名于时。

东青园寺法全尼

原典

法全，本姓戴，丹阳人也。端庄好静，雅勤定慧①。初随宗瑗，博综众经；后师审、隐②，遍游禅观③。昼则披文远思，夕则历观妙境④。

大乘奥典，皆能宣说；三昧⑤秘门，并为师匠⑥。食但蔬菜，衣止蔽形。训诱未闻，奖成后学。听者修行，功益⑦甚众。

寺既广大，阅理⑧为难。泰始三年，众议欲分为二寺。时宝婴尼求于东面起立禅房，更构灵塔，于是始分为东青园寺⑨。

升明二年婴卒。众既新分，人望未缉⑩。乃以全为寺主，于是大小爱悦，情无纤分。

年八十三，隆昌元年卒。时寺复有净练、僧律、惠形，并以学显名也。

注释

①**定慧**：佛家以戒、定、慧为三学。《翻译名义集》云："防非止恶为戒，息虑静缘为定，破恶证真为慧。"三

学又是六度中的三度。

②**审、隐：**齐梁时活动于京城的两位著名禅师，尤多在比丘尼中传禅。本书多处提及此二人。

③**禅观：**以禅定而观法性，故曰禅观。

④**妙境：**此指佛法妙境。

⑤**三昧：**梵文 Samādhi 的音译，又译为三摩提、三摩地，意译为定。即心灵专注于一境，不动不乱。三昧乃修行自身的功夫。

⑥**师匠：**师范，以之为楷范。

⑦**功益：**佛教术语，即功德利益，对自己勤修曰功德，教化别人并有所得曰利益。

⑧**阅理：**管理。

⑨**东青园寺：**本为青园寺，寺址建康，晋思恭、褚后立，至齐分为二，原青园寺变为东西两部分。本传即描绘了分寺的过程。

⑩**缉：**和合。《汉书·陈蕃传赞》："人谋虽缉，幽运未当。"

译文

法全，俗姓戴，丹阳(今江苏南京)人。她容止端庄，性情柔静，深好佛家禅定之学，勤修不止。初随宗瑗法师，博涉佛苑经籍；后又师奉审、隐二禅师，遍修禅定之法。她白天披览经文，邈然远思；夜晚则游心佛法妙境，欣然有得。

故而，大乘精深的义理，她无不可以宣说；禅家三昧的秘门，又莫不奉为师匠。她食不过蔬菜，衣但求遮体，志向所在是训诱昏蒙，奖掖后学。听者禀受师法，修行大道，功益颇多。

当时，青园寺寺院庞大，尼僧众多，因而管理有所不便。宋明帝泰始三年（公元四六七年），尼众商议想把寺院划分为二，恰好此时宝婴尼请求在寺院东面建一禅房，再另造一座灵塔，于是才分出了东青园寺。

宋顺帝升明二年（公元四七八年），宝婴尼入灭。由于尼僧刚分不久，谁任寺主，意见不一，最后让法全出任寺主，来总理寺纲。法全出任后，全寺大小无不爱敬欢悦，彼此心中的芥蒂也顿然消失。

她世寿八十三岁，于齐郁林王隆昌元年（公元四九四年）逝世。当时东青园寺内又有净练、僧律、惠形三尼，她们都以佛学造诣高深而扬名于世。

普贤寺净曜尼

原典

净曜，本姓杨，建康人也。志道[①]专诚，乐法翘恳[②]。具戒之初，从济瑗禀学。精思研求，究大乘之奥。十腊[③]之后，便为宗匠。齐文惠帝[④]、竟陵文宣王[⑤]，莫不服膺。

永明八年，竟陵王请于第，讲《维摩经》，后为寺主。二十余年，长幼崇敬，如事父母，从为弟子者四百余人。

年七十二，永明十年卒。时寺复有僧要、光净，并学行[⑥]有闻也。

注释

①**志道**：志向佛法。

②**翘恳**：翘，翘心悬想。翘恳，用心专诚恳切。

③**十腊**：古岁终祭神曰腊，因而佛教借以表示出家之年岁，一腊即为一年，十腊为出家后十年。

④**齐文惠帝**：文惠太子萧长懋。

⑤**竟陵文宣王**：萧子良。

⑥**学行：** 学问操行。

译文

净曜，俗姓杨，建康（今江苏南京）人。她立志修道，笃诚专一，深研佛理，精进不退。受持具足戒后不久，她就依从济瑗师禀受学业，精思深求，潜心于大乘奥秘。出家十年之后，她深造有得，被尊奉为佛门宗匠。齐文惠帝、竟陵文宣王对她无不拳拳服膺，仰重不已。

永明八年（公元四九〇年），竟陵王将她延请到自己的宅第中开讲《维摩经》，嗣后，她又出任普贤寺寺主。二十多年，全寺老幼大小无不崇敬她，待她如父母，从她受业的弟子也多达四百余人。

她享年七十二岁，在永明十年（公元四九二年）逝世。当时普贤寺内又有僧要、光净，都以学问节操显名于时。

法音寺昙简尼

原典

昙简尼，本姓张，清河人也，为法净尼弟子。游学淮海，弘宣正法，先人后己，志在旷济①。

以齐建元四年，立法音精舍②。禅思静默，通达三昧。德声遐布③，功化日远。道俗敬仰，盛修供施。

时有慧明④法师，深爱寂静。本住道林寺⑤，永明⑥时为文惠帝、竟陵文宣王之所修饰。僧多义学，累讲经论，去来喧动。

明欲去之，简以寺为施，因移白山⑦，更立草庵，以蔽风雨。应时行乞，取给所资。常聚樵木，云经营功德⑧。

以建武元年二月十八日夜，登此積薪，引火自焚，舍生死身，供养三宝。近村见火，竞来赴救。及至，简已迁灭。道俗哀恸，声震山谷。即聚所余，为立坟刹。

注释

①**旷济：**普度众生。

②**法音精舍：**据本传谓，此寺为齐建元四年建，后

成为京中著名尼寺，净珪、昙简等均居于此。

③**德声遐布**：功德声名远播。

④**慧明**：康居国人，先世避地入吴，后出家于章安东寺，镂心禅诵，竟陵王萧子良迎至京都，建武四年（公元四九七年）卒，寿七十。

⑤**道林寺**：宋齐时京都建康寺院之一，当时许多名僧居于此，朝廷亦对此寺礼接甚厚。

⑥**永明**：后疑脱“年间”二字。

⑦**白山**：在建康郊外。《建康志》谓其“南连蒋山，北连摄山，西有水下注平陆，阶础碑石，悉出此山”。

⑧**经营功德**：作功德。

译文

昙简尼，俗姓张，清河（今河北清河）人。为宋普贤寺法净尼弟子。曾游学于淮海一带，弘传佛门正法，先人后己，志在广施善举，普度众生。

齐高帝建元四年（公元四八二年），她兴建了法音寺。在法音寺中，她禅思静默，领悟了三昧玄机，因而功德显赫，名声远播，对修道之人沾溉甚多。善男信女无不敬仰她，为她源源不断地送来供养。

当时有慧明法师，精通禅学，深好寂静。他本来居住在道林寺，该寺永明年间（公元四八三—四九三年）为文惠帝、竟陵文宣王所修缮。由于僧众不重禅学，大多注重义学，故而讲经频繁，来往不绝，道林寺成了纷扰喧嚣的场所。

慧明深感此处不能入定，就想离开这里。于是昙简尼把精舍让给他住，自己就移居到京郊的白山。她在白山上另建草庵一座，以遮蔽风雨的侵袭。她以化缘来维持生活所需，又常聚敛樵木，说是作功德之用，实际上是为自焚做准备。

齐明帝建武元年（公元四九四年）二月十八日夜间，她登上聚敛起来的柴堆，引火自焚，舍此生死身，以供奉佛、法、僧三宝。邻近村落的人远远看到这里燃起了火光，就纷纷赶来扑救。等到众人赶来，她已经入化了。善男信女哀恸不已，号哭之声震荡山谷。他们聚其所余，为她立了坟，建了塔。

法音寺净珪尼

原典

净珪，本姓周，晋陵人也，寓居建康县三世矣。珪幼而聪颖，一闻多悟。性不狎俗①，早愿②出家，父母怜③之，不违其志。

为法净尼④弟子，住法音寺。德行纯粹，经律博通，三乘⑤禅秘，无不善达。神量⑥渊远，物莫能窥。

遗身忘味，常自枯槁。其精进总持，为世法则。传授训诱，多能导利，当世归心。

与昙简尼同憩法音寺，后移白山，栖托树下，功化⑦转⑧弘。以建武元年二月八日，与昙简同夜烧身。⑨道俗哀赴，莫不感咽，收其舍利，树坟封刹⑩焉。

注释

①**狎俗：** 近俗。

②**愿：** 发愿。

③**怜：** 爱。晋欧阳坚《临终诗》："下顾所怜女，恻恻心中酸。"

④**法净尼：** 齐京师著名比丘尼，曾住法音寺、王国

寺，因染范晔、孔熙先反叛之谋而连罪。《比丘尼传》之《昙简尼传》《德乐尼传》均有载。

⑤**三乘**：比喻运载众生渡越生死到涅槃彼岸的三种法门。佛教就众生根机之钝、中、利，佛应之而说声闻乘、缘觉乘、菩萨乘三种教法。声闻乘，即闻佛声教而得悟道，故称声闻。其知苦断集，证灭修道，以此四谛为乘。缘觉乘又作辟支佛乘、独觉乘。观十二因缘觉真谛理，故称缘觉。菩萨乘，又作大乘、佛乘、如来乘。求无上菩提，修六度万行，以六度为乘。前二乘唯自利，无利他，故总称小乘，菩萨乘自利利他具足，故为大乘。

⑥**神量**：能持众生之识性，指心灵的功能。

⑦**功化**：功为功德，化为教化、普化。以功德普化众生。

⑧**转**：渐渐。

⑨编按：昙简尼为二月十八日烧身。净珪为二月八日烧身，此处与昙简同夜烧身，似有笔误之疑。

⑩**封刹**：封，建立。刹，此处指塔，王中《头陀寺碑文》有“列刹相望”，李周翰注：“列刹，佛塔也。”

译文

净珪，俗姓周，晋陵（今江苏武进）人，寄居在建康（今江苏南京）已有三代。她自幼聪颖，悟性很好，能举一反三。因天性不近浮俗，早有出家之愿，父母怜爱她，不忍违拗她的志愿，就让她出家修道。

她跟从法净尼出家，居住在法音寺中。出家后，德业精纯，能博通经、律、论三藏，又为大乘根器，洞悟禅家玄义，并能达其深致。她心灵神府渊深远廓，外人无法窥测涯际。

又遗身忘味，清苦自励，故而形貌常常憔悴枯槁不堪。她行道勇猛，精进不息，奉持善根，绝去恶念，堪称世人法则。她传授正法，循循善诱，使人去恶从善，心依佛门大法。因此之故，当时的善男信女无不归心向慕。

净珪与昙简尼同住法音寺，后来又一起移居到白山，寄身于树下草庵之中，她的功德教化由此而渐渐宏大。齐明帝建武元年（公元四九四年）二月八日，她与昙简尼同夜引火烧身，以供养佛、法、僧三宝。当时道俗都赶去致哀，为她入化感叹哽咽。于是收拾好她的遗骨，为她立坟建塔。

集善寺慧绪尼

原典

慧绪尼，本姓闾丘，高平人也。为人高率疏远，见之如丈夫，不似妇人。发言吐论，甚自方直，略无回避。七岁便蔬食持斋，志节勇猛。十八出家，住荆州三层寺。戒业具足，道俗所嗟。

时江陵复有隐尼，西土[①]德望，见绪而异之。遂乃契[②]意，相携行道。尝同居一夏，共习《般舟》[③]，心形勤苦，昼夜不息。

沈攸之[④]为刺史，普沙简僧尼，绪乃避难下都。及沈破败，后复还西。

齐太尉大司马豫章王萧嶷[⑤]，以宋升明末，出镇荆、陕。知其有道行[⑥]，迎请入内，备尽四事[⑦]。时有玄畅[⑧]禅师，从蜀下荆。绪就受禅法，究极精妙，畅每称其宿习[⑨]不浅。

绪既善解禅行[⑩]，兼菜蔬厉节。豫章王妃及内眷属，敬信甚深，从受禅法。每有䞋施，受已随散，不尝储蓄。意志高远，都不以生业[⑪]关怀。萧王[⑫]要共还都，为起寺舍，在第东田之东，名曰福田寺，常入第行道。

永明九年，自称忽忽[13]苦病，亦无正恶[14]，唯不复肯食。颜貌憔悴，苦求还寺。还寺即平愈。旬日中辄复请入，入辄如前，咸不知所以尔。

俄而王薨，祸故[15]相续。武皇帝[16]以东田郊迫，更起集善寺，悉移诸尼还集善，而以福田寺别安外国道人阿梨。第中还复供养，善读诵咒[17]。绪自移集善尼寺已后，足不复入第者数年。时内外既敬重此尼，每劝其暂至。

后第内竺夫人欲建禅斋[18]，遣信先谘请。尼云："甚善！贫道年恶，此段实愿一入第，与诸夫娘别。"既入斋，斋竟，自索纸笔作诗曰：

世人或不知，呼我作老周；
忽请作七日[19]，禅斋不得休。

作诗竟，言笑接人，了不异常日高傲也。固具叙离云："此段出寺，方为永别，年老无复能入第理。"

时体中甚康健，出寺月余日，便云："病无乃有异于恒。"夕日而卒，是永元元年十一月二十日，卒年六十九。周舍为立序赞。

又有僧威尼，德合志同，为法眷属。行道习观[20]，亲承音旨也。

注释

①**西土**：西域。

②**契**：定约。《敦煌变文·搜神记》梁元皓、段子京条："出入同游，甚相敬重，契为朋友，誓不相遗。"

③**《般舟》**：《般舟三昧经》的简称，乃梵文Pratyutpa-nnasamadhi的音译，又作《十方现在佛悉在前立定经》。系支娄迦谶于东汉灵帝光和二年所译。全经共分十六品，内容系采佛陀应贤护菩萨之请而说法之形式。般舟乃现前、佛立之意。此即言修般舟三昧之行者，即可见十方之佛立于眼前。有三卷和一卷两种本子流行。

④**沈攸之**：字仲达，沈庆之从父兄子，父沈叔仁为衡阳王刘义季征西长史。宋明帝时，攸之曾做东兴县侯，明帝即位后，他征战不息，屡建功勋，迁郢州刺史、荆州刺史，有不臣之心。后为齐豫章王萧嶷所败。

⑤**萧嶷**：齐高帝第二子，封豫章王。沈攸之之难后迁侍中、尚书令等。永明元年，领太子太傅、大司马，声名显赫。永明十年以疾终。

⑥**道行**：修习佛法而得道。

⑦**四事**：佛家以衣服、饮食、卧具、汤药为四事。

⑧**玄畅**：俗姓赵，金城（甘肃兰州）人，玄高法师弟子，在凉州出家。太武法难后，避祸而至巴蜀江汉。

不久，齐武帝迎至京师，居灵谷寺。《高僧传》称其“洞晓经律，深入禅要”。本尼传说他过荆，正是其避难途中所至。

⑨**宿习**：宿世之习也，通于善恶。《天台别传》曰：“宿习开发，焕若华敷矣。”

⑩**禅行**：坐禅之具体行法，乃禅家之仪式。

⑪**生业**：业为人之身、口、意之作业，生业乃维持生存之业。

⑫**萧王**：此指豫章王萧嶷。

⑬**忽忽**：疲顿、乏力的样子，亦作“匆匆”，《法帖释文》载王羲之书云：“乏气忽忽。”

⑭**正恶**：严重的毛病。

⑮**故**：仍旧。《搜神记·李寄斩蛇》：“祭以牛羊，故不得福。”

⑯**武皇帝**：齐武帝。

⑰**诵咒**：诵持咒语。

⑱**禅斋**：禅室。

⑲**七日**：禅宗和净土宗的重要仪式活动，或称“打七”。

⑳**习观**：学习禅观。

译文

慧绪尼，俗姓闾丘，高平（今属山东）人。她为人坦率阔略，望之直如丈夫，全然不像女子。每当她高谈阔论，都显得十分刚直大方，一点顾忌也没有。七岁时，她就蔬食持斋，志向节操，精进勇猛。年十八，出家修道，住在荆州（今湖北江陵）三层寺。她秉持戒律，去恶从善，为道俗之辈所叹赏。

当时江陵（今湖北江陵）有一隐尼，在西土颇负德望。一见慧绪，就深相崇敬，认为她落落不凡。于是她俩约定，相携相伴同行道业。她俩曾共住了一个夏天，一起诵习《般舟三昧经》，又一道勤苦修持身心，日夜精勤不懈。

后来沈攸之任荆州刺史，他大规模地沙汰僧尼，慧绪在此难以托身，就避难到了下都。等到沈攸之被击败，慧绪尼后又回到了荆州。

齐太尉大司马豫章王萧嶷，于宋顺帝升明（公元四七七—四七九年）末年，受命镇守荆、陕二地，他闻知慧绪尼道行很高，就将她迎入家中，供养她衣服、饮食、卧具和汤药。当时有名震京师的玄畅法师，从成都来到荆州，慧绪就前往请受禅法，深研他的微妙义旨。玄畅师常称赞她天资高朗，为大乘根器。

慧绪既善解禅行，又励节食素，故而豫章王妃以及内官眷属，都十分钦敬信服她，从她禀受禅法。她每得施供，都随得随散，从不聚积以自润。她立志高远，超然脱俗，全然不把生计放在心上。萧嶷邀她一起返回京都建康，为她建了一座寺庙，寺庙坐落在宅第东边的田地之东，于是便取名为福田寺。在这里，她也常到萧嶷的居所去讲经说法。

齐武帝永明九年（公元四九一年），慧绪自称精神疲顿，身体不适，倒也没有大病，只是不想进食。她面容憔悴，便苦苦请求萧嶷让她返回自己的寺庙。回去之后，怪病就立即消除。十天之内，萧嶷又延请她来讲经，可一到他家，又病况如前。此等怪事，人们都不知是什么缘故。

不久，豫章王萧嶷逝世，可是他的住所里祸乱仍未停止。齐武帝认为福田寺地处近郊，远离市区，对弘扬佛法多有不便，因而另建一座集善寺，并将福田寺中的尼众全部转移到新建的寺庙中，而将福田寺另行安置外国僧人阿梨。萧嶷死后，他家依然敬奉佛事，讲经说法一如往常。慧绪尼自从移居到集善寺后，已有多年没到萧府。当时，萧家内外都很敬重她，便常常劝她去萧家看看。

后来，萧家竺夫人想在家建七日禅斋，便派人去请慧绪。慧绪对来人说："很好！我年岁已高，此时倒也确实想去萧家一番，和各位夫人寒暄作别。"于是，就去萧家做七日斋，斋做完，自己取来纸笔，当即作诗一首，诗曰：

世人或不知，呼我作老周。
忽请作七日，禅斋不得休。

作诗完毕，又与人笑谈阔论，全然还是以往那副高傲阔略的性情。临别时，她说道："此番出寺，将成永别。我年岁大了，也不容再轻易走动了。"

去做七日禅斋前，她身体很健康，可离开集善寺一个多月，又旧病复发。于是她说道："此番病发恐怕和以往不一样。"果然在这天晚上，她就辞世了。这天是齐东昏侯永元元年（公元四九九年）十一月二十日，卒年六十九岁。死后，周舍曾为她写过一篇序赞文。

当时，集善寺中又有僧威尼，与慧绪尼志同道合，共同奉心佛法、行道习禅。慧绪尼死后，她秉承慧绪尼的余绪，再振佛业。

钱唐齐明寺超明尼

原典

超明，本姓范，钱唐人。父考，少为国子生[①]。世奉大法[②]。明幼聪颖，雅有志尚。读五经[③]，善文义，方正有礼，内外敬之。年二十一，夫死寡居。乡邻求娉，誓而不许，因遂出家，住崇隐寺。

神理明澈，道识清悟。闻吴县北张寺，有昙整法师，道行[④]精苦，从受具足。后往涂山，听慧基[⑤]法师，讲说众经，便究义旨。一经于耳，退无不记。三吴[⑥]士庶，内外崇敬。寻[⑦]还钱唐，移憩齐明寺。

年六十余，建武五年而卒。时又有法藏尼，亦以学行驰名矣。

注释

①**国子生**：从晋开始，中国置国子学，即国家的高级学校，南北朝时沿此制。国子生乃从国子学学习之人。

②**大法**：佛法。

③**五经**：儒家以《诗》《书》《礼》《易》《春秋》为五经。

④**道行**：这里指悟道修习。

⑤**慧基**：齐时沙门。俗姓吕，钱塘人，出家后曾依僧伽跋摩研修禅律，曾奉敕为东土僧正，建武三年（公元四九六年）圆寂，寿八十五。

⑥**三吴**：其指称主要有二：一将会稽、吴兴、丹阳合称为三吴，一将吴兴、吴郡、会稽合称为三吴。此处三吴不知究称何所。

⑦**寻**：不久。

译文

超明，俗姓范，钱塘（今浙江杭州）人。父亲范考，少年时为国子监诸生。世代奉信佛法。超明自幼聪敏颖慧，又有超然脱俗的心襟志向。她研读儒家五经，善解经文含义；为人不媚时俗，刚正清纯，注重礼仪，受到亲朋内外的广泛敬重。二十一岁时，丈夫去世，她孑然寡居。曾有不少乡邻前来求婚，她誓志不许，一概拒绝，并因此出家，皈依佛门，居住在崇隐寺中。

出家后，她明达佛门正法，妙悟法理旨趣。她听说吴县（今江苏苏州）北张寺有位昙整法师，精进勤勉，道行高深，便去从她受持具足戒。尔后，又前往涂山（今属浙江绍兴），听东土僧正慧基法师讲解众经，并很快能入其堂奥。她悟性好，记性强，每听讲说一经之后，回来便能记住不忘。当时三吴一带的文人雅士、僧徒俗夫、达官贵人，都十分崇敬她。不久，她在听完讲经之后，又返回了钱塘，并移居到了齐明寺。

她享年六十多，于齐明帝建武末年（公元四九八年）去世。其时，又有法藏尼，也因学业操行驰名于世。

法音精舍昙勇尼

原典

昙勇尼者，昙简尼之姊也。为性刚直，不随物倾动，常以禅律为务，不以衣食经怀。憩法音精舍，深悟无常[1]，高崇我乐[2]。

以建武元年，随简同移白山。永元三年二月十五日夜，积薪自烧，以身供养[3]。当时闻见，咸发道心[4]。共聚遗烬，以立坟刹云。

注释

①**无常**：佛家哲学的中心议题之一。佛家认为，人生无常，一切现象都是缘起的，一切现象都处于流动的过程中，世界上的有为法没有恒然常住、永恒不变的，所谓“一切有为法，如梦幻泡影”是也。

②**我乐**：佛教名词，指自我在修行中遇好缘好境而身心悦适。佛家认为，一切众生都生活在生死苦海之中，皈依佛法，游于佛法之玄言妙意中，就能解脱这种痛苦，臻于快乐。

③**供养**：佛教名词，本指布施财物以供养佛、僧，

这里指舍身以奉法。

④**道心**：崇尚佛道之心。

译文

昙勇尼，是法音寺昙简尼的姐姐。她性情刚直，不随波逐流，从不为外在的功名利欲所打动，恒常恪守戒范，乐于修禅寻求开悟机缘，不把衣、食、住、行等生计大事放在心上。她和妹妹昙简同住在法音寺中，深悟人生无常的道理，即世俗中一切事物都是变化无常的，世界上没有湛然常住、永恒不变的事物；她同时又重视解脱痛苦，以臻于身心悦适的自乐境界。

在齐明帝建武元年（公元四九四年），她又随昙简移居到白山（今江苏江宁境）。齐东昏侯永元三年（公元五〇一年）二月十五日夜，她积柴自焚，以身奉佛。当时亲见、耳闻的人，无不因此而激发了归佛之心。众人将她的遗骨安葬，并在坟上建立了佛塔。

剡齐兴寺德乐尼

原典

德乐，本姓孙，毗陵人也。高祖毓，晋豫州刺史。乐生而口有二牙。及长，常于暗室，不假灯烛，了了能见。愿乐离俗[①]，父母爱惜而不敢遮。至年八岁，许其姊妹同时入道，为晋陵光尼弟子。

具戒已后，并游学京师，住南永安寺[②]。笃志精勤，以昼继夜。穷研经律，言谈典雅，宋文帝善之。

元嘉七年，外国沙门求那跋摩，宋大将军[③]立王国寺[④]（在枳园寺[⑤]北路）请移住焉。到十一年，有师子国比丘尼十余人至，重从僧伽跋摩受具足戒。

至二十一年，同寺尼法净、昙览，染孔熙先谋[⑥]，人身穷法，毁坏寺舍，诸尼离散。德乐智移，憩东青园寺。谘请深禅，穷究妙境。

及文帝崩，东游会稽，止于剡之白山照明精舍。学众云集，从容教授，道盛东南矣。

齐永明五年，陈留阮俭，笃信士[⑦]也。舍所居宅，立齐明精舍，乐纲纪，大小悦服。远近钦风，皆愿依止[⑧]，徒众二百余人。不聚嚫施，岁建一讲。僧尼不限，平等资供。

年八十一，永明三年卒⑨。

剡又有僧茂尼，本姓王，彭城人也。节食单蔬，勤苦为业，用其赒遗，起竹园精舍焉。

注释

①**愿乐离俗**：佛家认为，众生均行于生死苦海之中，如皈依佛法，即可去苦得乐。

②**南永安寺**：元嘉十八年，宋江夏王世子母王氏以地施慧琼尼，慧琼在此立寺，名为南永安寺。

③**宋大将军**：宋彭城王、骠骑将军刘义康。

④**王国寺**：本尼传详载其建寺始末，后法净尼、昙览尼、昙简尼等京中名尼均居于此。

⑤**枳园寺**：东晋车骑将军王邵建造，智严、宝云等一代宗师等均居于此，译出《普曜经》《四天王经》《广博严净经》等。齐时王邵玄孙王奂扩建之，沈约撰《枳元（园）寺刹下石记》记其事。

⑥**染孔熙先谋**：据《宋书》卷六十九、《南史》卷三十三载，范晔、孔熙先欲废帝而立彭城王刘义康。王国寺法净尼常出入刘义康家，且所居之寺可能亦正是其所建，因感念旧恩，欲为范、孔行传递消息之任，孔熙

先能治病，法净因求治病而得与周旋；法净且数至义康处传递范、孔之信。后此谋泄密，范晔等被杀，法净亦遭连坐。本尼传作“法净”,《宋书》《南史》均作“法静”，必为一人中有一误。

⑦**笃信士：**佛家称居家奉佛者为清信士、清信女。

⑧**依止：**以……为师。

⑨**永明三年卒：**上言永明五年，陈留阮俭为其立齐明寺，让她纲纪寺院，此云其“永明三年卒”，前后抵牾，当有一误。

译文

德乐，俗姓孙，毗陵（今江苏武进）人。高祖孙毓，为晋豫州（今河南汝南）刺史。德乐出生时口中就有两颗牙齿。长大后，她常在暗室里，不须借助灯烛，也能把里面一切看得清清楚楚。她乐于超凡脱俗，一心皈依佛门，父母虽担心她还年幼，但因疼爱她，不愿违逆她的志趣。八岁时，就准许她和妹妹一起出家修道，成了晋陵光尼的弟子。

在受持具足戒之后，与其妹妹一起游学到京都建康，住在南永安寺。她笃志学法，精进勇猛，日夜不止，精研经、律，言谈典丽雅正，深得宋文帝的赞赏。

元嘉七年（公元四三〇年），外国沙门求那跋摩至京都，宋大将军建立王国寺，并请德乐尼移居此处。到了元嘉十一年（公元四三四年），有师子国十几位比丘尼来到宋都，由于此时二众具备，德乐便从戒师僧伽跋摩，和众尼师重受具足戒。

到了元嘉二十一年（公元四四四年），由于同在王国寺的法净尼、昙览尼因在范晔、孔熙先弑君重立帝的叛乱中有关联，受到惩罚，王国寺也因而遭到毁坏。寺中尼众纷纷离散，德乐尼也移居到东青园寺。从此，她潜心研学禅观之中，欲窥法性之妙境。

至宋文帝驾崩，德乐便东游到了会稽（今浙江绍兴），后又移至剡之白石山（在浙江嵊州）照明寺。四方学众纷纷云集此处，倾心领教，德乐也能从容教授，并因道行高深，名震东南。

齐永明五年（公元四八七年），陈留（今河南开封西北）阮俭，乃佛教信徒，他腾出所居住的房屋，为德乐建齐明寺。德乐在此总领寺院，众尼莫不心悦诚服，而远近道俗之人也无不钦慕她的德风，都愿依止德尼，故而寺众大增，共有徒众二百多人。她对信众施舍之物，从不据为己有，总是随得随散，广弘福业。又每年开讲座一次。而寺中尼僧，不论大小，一律平等享用施舍之物。

她在世八十一年，永明三年去世。

剡地又有僧茂尼，俗姓王，彭城（今江苏徐州）人。吃素简食，精勤苦节，用信徒供养的施䞋，建了竹园寺。

5　梁

禅林寺净秀尼

原典

净秀，本姓梁，安定乌氏人也。祖畴，征虏司马[①]。父粲之，龙川县都乡侯。净秀幼而聪睿，好行慈仁。

七岁自然持斋[②]。家中请僧转《涅槃经》，闻断鱼肉，即便蔬食，不敢令二亲知。若得鲑膳，密自弃去。从外国沙门普练，谘受五戒，精勤奉持，不曾违犯，礼拜读诵，昼夜不休。

年十二，便求出家，父母禁之。及手能书，常自写经。所有财物，唯充功德。不营俗好，不衣锦绣，不着粉黛。如此推迁，至二十九，方得听许，为青园寺首尼弟子。

事师竭诚，犹惧弗及；三业[3]勤修，夙夜匪懈。僧使众役，每居其首。跋涉勤劬，触事关涉。善神[4]敬护，常在左右。

时有马先生，世呼神人也。见秀记言[5]："此尼当生兜率。"尝三人同于佛殿内坐，忽闻空中声，状如牛吼，二人惊怖，唯秀澹然。还房取烛，还始登阶，复闻空中语曰："诸尼避路，秀禅师归。"

他日又与数人于禅房中坐，一尼鼾眠，睡中见有一人头拄屋，语之曰："勿惊秀尼。"后时与诸尼同坐，一尼暂起还房，见一人抵掌止之曰："莫挠秀尼。"

秀尼进止俯仰，必遵律范。欲请晖法师讲《十诵律》，但有钱一千，忧事不办。夜梦见鸦鹊、鹳鸽、雀子，各乘轩车，大小称形，同声唱言："我当助秀尼讲。"及至经营，有七十檀越[6]争设妙供。

后又请法颖律师[7]重讲《十诵》。开题之日，澡罐中水，自然香馥。其日就座，更无余伴，起惧犯独[8]，以谘律师。律师答曰："不犯。"[9]秀观诸尼未尽如法，乃叹曰："洪徽[10]未远，灵绪稍陨[11]，自非正己，焉能导物？"即行摩那埵[12]，以自悔守。合众见之，悉共相率，退思补过，惭愧忏谢。

宋元嘉七年，外国沙门求那跋摩至都，律范清高。

秀更从受戒。而青园徒众，悟解不同，思立别住。外严法禁，内安禅默，庶微称己心。

宋南昌公主及黄修仪，以大明七年八月，共施宜知地，以立精舍。秀麻衣藿食，躬执泥瓦，夙夜尽勤，制龛造像，无所不备。同住十余人，皆以禅定为业。泰始三年，明帝敕以寺基所集，宜名禅林寺。

秀手写众经，别立经台在于寺内。娑伽罗龙王兄弟[13]二人，现迹弥日，示其拥护。知识[14]往来，无不见者。

每奉诸圣僧，果食之上，必有异迹。又尝七日供养，礼忏胡跪[15]摄心注想，即见二梵僧[16]举手共语，一称弥佉罗[17]，一称毗呿罗[18]。所着袈裟，色如熟桑椹。秀即以泥染衣色，令如所见。

他日又请阿耨达池[19]五百罗汉，复请罽宾国五百罗汉，又请京邑大德二日大会。第二日又见一梵僧，合众疑之，因即借问。云从罽宾来，至已一年。使守门人密加觇视。多人共见从宋林门出，始行十余步，奄忽[20]不见。

又曾浴圣僧[21]，内外寂静，唯有舩杓[22]之声。其诸瑞异，皆类此也。

齐文惠帝、竟陵文宣王，厚相礼待，供施无废[23]。年耆力弱，复不能行。梁天监三年，敕见听乘舆至内殿。

五年六月十七日，苦心闷乱，不复饮食。彭城寺惠全法师，六月十九日，梦见一柱殿，严丽非常，谓是兜率天宫。见净秀在其中，全即嘱之："得生妙处，勿忘将接。"秀曰："法师是大丈夫，弘通经教，自应居胜地。"全闻秀病，往看㉔之，述梦中事。

至七月十三日少间，自梦见幡盖乐器，在佛殿西。二十三日，请相识僧会别。二十七日，告诸弟子曰："我升兜率天宫。"言绝而卒，年八十九。

注释

①**征虏司马**：东汉置，魏晋南北朝沿此制。

②**持斋**：受持斋法而不违越，即过正午而不食。

③**三业**：身、口、意三业。

④**善神**：佛家有八部神，八部神中护持正法之神即为善神。

⑤**记言**：留下预卜之言。东晋竺昙无兰译《阿耨风经》曰："我记谛婆达兜当堕恶趣泥犁中……我如是所记。"（《大正》一·页八五四上）

⑥**檀越**：施主。

⑦**法颖律师**：当时京中《十诵律》专家。

⑧**犯独**：独，独法，七善之一。所谓犯独者，意为独自修行，修行功成，达于自济，自脱生死苦海，然不

能兼济也，此为小乘，故曰犯。

⑨沈约曾作《南齐禅林寺尼净秀行状》，文见《广弘明集》卷二十三，宝唱此文基本上是在沈约《行状》基础上缩写而成。有关犯独之事，沈文云："后复又请颖律师开律，即发讲日，清静罂水自然香如水园香气，深以为欣，既而坐禅得定，至于中夜方起，更无余伴，便自念言：'将不犯独。'即谘律师，律师答云：'无所犯也。'可资参考。"

⑩**洪徽**：此指道行高深。

⑪**隤**：毁坏。

⑫**摩那埵**：梵文 Mānatta 的音译，佛教中一忏悔除罪的仪式。比丘、比丘尼犯僧残罪后，必须要发露忏悔罪相，从而除罪，以得清净，乃至自悦、悦众僧。沈约《行状》谈到众尼亦行忏悔时说："即自忏悔，行摩那埵，于是京师二部，莫不咨嗟，云：'如斯之人，律行明白，规矩应法，尚尔思愆，何况我等动静多过，而不惭愧者哉？'遂相率普忏，无有孑遗。"

⑬**娑伽罗龙王兄弟**：龙王为佛教"天龙八部"中的人物，为众龙之主，其中有五龙王、七龙王、八龙王、十一龙王诸说，八龙王中有娑伽罗（Sāgara）龙王。娑伽罗兄弟二人，当指娑伽罗和八龙王中另外一人。

⑭**知识**：朋友相识。

⑮**胡跪：**胡人跪拜之法。

⑯**梵僧：**梵土之僧人。

⑰**弥佉罗：**沈约《行状》作“佉罗”，仙人名，乃驴神仙人。

⑱**毗呿罗：**须达长者家奴之一，掌管库藏之财，后在佛陀导引下受戒奉佛。

⑲**阿耨达池：**佛家想象中的神界名，在南赡部洲之中心、香山之南、大雪山之北，周围八百里，均金雕银饰，极尽繁华。

⑳**奄忽：**忽然。

㉑**浴圣僧：**佛教的重要仪式浴佛。传说悉达多太子在蓝毗尼园的无忧树下降生时，九龙吐水以洗浴圣身，于是后世以佛陀诞生的这一天，四众皆要行以香水浴佛的仪式。中国在三国时即有这种仪式。

㉒**舣杓：**舀东西的器具。

㉓**废：**废止、停止。

㉔**看：**探望。

译文

净秀，俗姓梁，安定乌氏（今陕西南郑境内）人。祖父梁畴，曾任征虏司马。父亲梁粲之，曾为龙川县（今广东龙川）都乡侯。净秀自幼聪慧，富有慈悲之心，常行善事。

七岁时，她自然秉持斋法，过正午而不食。家中曾请僧人诵念《涅槃经》，她听经文中说断食鱼肉，便立即蔬食，但又不敢让父母知道。她若得到的是鱼肉一类菜肴，就暗自弃而不食。后来从外国僧人普练，禀受五戒，精勤奉持，不曾触犯，拜佛念经，日夜不停。

到十二岁时，她就要求出家，但父母没有同意。到她学会写字以后，就常常亲自抄写经文。她全部财物只用于充实修行自己的功德。她不追随世俗人的爱好，不穿着绸缎，不涂抹脂粉。如此迁延日久，到了二十九岁时，方才获得父母的许诺，成为青园寺首尼的弟子。

她侍奉师长，尽心竭力，仍怕有所不周；又勤修身、口、意三业，早晚从不懈怠。寺僧安排大家的劳务，她总是首当其冲。她事必躬亲，不惧跋山涉水，不畏困苦艰难。善神似乎敬护她，常在她左右。

当时有位马先生，世人都称他为“神人”。他见净秀后，曾有这样的预言：“此尼僧当生于兜率。”她曾经和二尼同在佛殿内安坐，忽然听到空中有声，状如牛吼，二尼都惊怖不已，唯净秀淡然无惧。她回房去取灯烛，转回时刚登上台阶，又听见空中传语：“诸尼僧请让路，净秀禅师回来了。”

又有一天，她与几个尼僧坐在禅房中，其中一尼酣然入睡，睡梦中见有一人头撑着房屋，告诉她说："请不要打扰净秀尼。"此后，净秀尼与众尼同坐，其中一尼猝然起身想回房中，见一人击掌阻止她说："请勿打扰净秀尼。"

净秀尼进退举止，都一定遵循律范。她想请晖法师讲《十诵律》，但钱数不够，只凑足一千，担心事情办不成。一天夜里，她梦见鸦鹊、鹳鸽、雀子等一群禽鸟，它们各自乘坐大小与鸟的形状差不多的轩车，同声鸣叫道："我们当帮助净秀尼，使她能请晖法师来讲《十诵律》。"到了着手准备时，有七十个施主竞相施妙供、设佳品。

尔后，她又请法颖律师重讲《十诵律》。开题讲座那天，澡罐中的水，自然馨香馥郁。那天她就座入定，直到夜半方才出定起身，此时身边更无其他的人，因为害怕犯独戒律，便去问法颖律师。法颖回答说："不犯戒。"但她仍害怕有所违失，又看见其他尼僧也未能处处循律如法，便感叹道："道行高深未远，心灵渐有失落，倘不引咎自责，怎能导人向善？"于是便自行摩那埵忏悔礼，以自我忏悔的方式来使心灵守正处洁。众尼见她如此，无不退思补过，像她那样忏悔思过。

宋元嘉七年（公元四三〇年），外国沙门求那跋摩到宋都建康，他深通律学，律范清高。净秀便又从他受具足戒。当时青园寺尼众很多，对佛法的悟解各不相同，禅学、义学之争也颇激烈，故而净秀尼意欲别寻住宿，更张门庭，这样外可以严守佛门规范，内可以静心禅悟，这样也许更合自己的意愿。

宋孝武帝大明七年（公元四六三年）八月，南昌公主和黄修仪共同布施一块公认的好地给她建一佛寺。净秀穿麻衣，吃粗食，亲自涂泥盖瓦，兴建寺庙。又日夜勤劳，做佛龛，造佛像，凡所应有，无不具备。在这新寺庙中同住者有十多个人，大家都以禅定为修持课业。泰始三年（公元四六七年），宋明帝传旨，根据寺庙中集中的都是习禅之人，就认为新寺庙应当取名叫禅林寺。

净秀尼又亲手抄录众经，并在寺内另立一经台，以盛装这些经书。其时曾有一异事出现，寺庙墙壁上显现出八龙王中的二龙王——娑伽罗龙王兄弟二人的形象，接连几天都没有消去，以显示净秀尼奉佛的精诚，得到龙天护法的护持。朋友往来，都瞻睹到了这一奇异的事。

另外，她每次在圣僧像前供奉果食时，果食之上也有奇异感应之迹出现。又一次，她曾做七日斋事，胡跪礼佛忏悔，在凝神注想中，忽见两个梵僧抬手共语，一说自己是弥佉罗，一称自己是毗呿罗。他们所穿的袈裟，颜色宛如成熟的桑葚一般。净秀就取来泥土，捣碎后化为泥浆，再用泥浆把她的法衣染成幻觉中所见神僧袈裟的颜色。

此后，净秀尼又念请阿耨达池的五百罗汉到来，后又请罽宾的五百罗汉，并延请京都僧中大德，做二日斋会。第二天，就看到印度装束的僧人，在场的僧众也看到了，并用疑问的目光打量他。于是问他自何而来。他回答说："从罽宾远道而来，到这里已有一年。"于是，净秀派守门人，暗中加以监视他的行踪。当时有许多人都看到他从宋林门走出，但刚走出十多步，就突然不见了。

又一次，举行浴佛大庆时，寺院僧徒默然礼拜，寺院内外悄然无声，但奇怪的是寺内竟传来了杯勺碰撞的声音。诸如此类，都是净秀尼所在禅林寺的瑞相异事。

齐文惠帝、竟陵文宣王对净秀尼都待以厚礼，供施也从未停止。她年老力衰，已不能徒步行走。梁天监三年（公元五〇四年），武帝传旨，如需召见或听经说法，可用车将她接入宫内。

天监五年（公元五〇六年）六月十七日，她心闷烦乱，不再能吃东西了。过了两天，彭城寺惠全法师梦见一佛殿，严整庄丽，有人告诉他说，这就是兜率天宫。惠全见净秀也在其中，于是他上前嘱咐道："若得天国妙处，请不要忘记济度我。"净秀答道："法师是伟岸丈夫，广通经教，自然就应居住在天界胜地。”后来他听说净秀得了病，就前去探望她，并将梦中所见细细道来。

到了这年的七月十三日，她的病况稍有好转。一次，她梦见幡盖相接，歌乐沸天，就在佛殿的西面。七月二十三日，她请相识的僧众前来作别。二十七日，又告诉众弟子说：“我将上生到兜率天宫去了。”话音刚落，就瞑然辞世，享年八十九岁。

禅林寺僧念尼

原典

僧念，本姓羊，泰山南城人。父弥州从事史。念即招提寺[①]昙睿法师之姑也。珪璋[②]早秀，才鉴明达，立德幼年。十岁出家，为法护尼弟子，从师住太后寺[③]。

贞节苦心，禅思精密，博涉多通，文义兼美[④]。蔬食礼忏，老而弥笃。诵《法华经》，日夜七遍。宋文、孝武二帝，常加资给。

齐永明十年中，移住禅林寺[⑤]。禅范大隆，谘学者众。司徒竟陵王四时供养。

年九十，梁天监三年卒，葬秣陵县中兴里内。

注释

①**招提寺：**寺址建康，南朝宋永初年间建，慧集法师于此讲解《阿毗昙》，声闻京师，僧尼数百前去听讲。

②**珪璋：**美玉，此以美玉比贤才。《文心雕龙·物色》："珪璋挺其惠心。"同著《风骨》亦云："珪璋乃聘。"

③**太后寺：**何后寺，又名永安寺。

④**文义兼美：**文采斐然，立意渊深。

⑤**禅林寺：**南北朝时著名尼寺，以重禅范而享名于世。《净秀尼传》详载其兴建之始末。

译文

僧念，俗姓羊，泰山南城（今山东泰安境）人。父亲曾为弥州从事史。僧念也就是建康招提寺名尼昙睿法师的姑母。她英才早发，识事明理，很早就有德名。十岁时出家成为法护尼的弟子，并从她居住在何后寺中修行。

进入佛门后，她操守坚贞，道业精勤，禅思精密；又博涉佛苑经籍，能融会贯通其中的道理，真正做到文采洋溢，灿然而备。同时，她茹素、礼佛、拜忏，这样年复一年，愈老愈坚。她诵习《法华经》，一日一夜就达七遍之多。宋文帝、宋孝武帝嘉其深行，常以信施供养她。

齐永明十年（公元四九二年）时，她从何后寺移住到当时京中重禅学的禅林寺。移居之后不久，禅范顿显隆盛，前来求学的人很多。乐于佛事的司徒竟陵王萧子良，一年四季供养不断。

她于梁天监三年（公元五〇四年）圆寂，世寿九十岁。寂后，就安葬在秣陵县（今江苏江陵）中兴里内。

成都长乐寺昙晖尼

原典

昙晖，本姓青阳，名白玉，成都人也。幼乐修道[①]，父母弗许。元嘉九年，有外国禅师畺良耶舍[②]入蜀，大弘禅观[③]。晖年十一，启母求请禅师谘禅法，母从之。耶舍一见，叹此人有分[④]，令其修习。属法育尼，使相左右。

母已许嫁于晖之姑子，出门有日，不展余计。育尼密迎还寺。晖深立誓愿："若我道心不遂，遂致逼迫者，当以火自焚耳。"

刺史甄法崇闻之，遣使迎晖，集诸纲佐及有望之民，请诸僧尼穷相难尽。

法崇问曰："汝审[⑤]能出家不？"

答曰："微愿久发，特乞救济。"

法崇曰："善！"遣使谘姑，姑即奉教。从法育尼出家，年始十三矣。

从育学修观行[⑥]，裁得[⑦]禀受，即于坐末便得入定。见东方有二光明，其一如日而白，其一如月而青。即于定中立念[⑧]云："白者必是菩萨道[⑨]，青者声闻法[⑩]。若审然者，当令青者销，而白光炽。"即应此念，青光自灭，白光炽满。及至起定[11]，为育尼说。育尼善观道，闻而欢喜赞善。时同坐四十余人，莫不叹其希有也。

后婿心疑，以为奸诈。相率抄取，将归其家。昙晖时年十六矣，以婢使营卫[12]，不受侵逼。婿无如之何，复以许州刺史以赏异问畺良耶舍。答曰："此人根利[13]，慎勿违之。若婿家须相分解，费用不足者，贫道有一苍头[14]，即为随喜[15]。"于是解释[16]。

后于禅中自解佛性[17]常住大乘等义，并非师受。时诸名师极力问难，无能屈者。于是声驰远近，莫不归服。

宋元嘉十九年，临川王[18]临南充，延之至镇，时年二十一。骠骑[19]牧陕，复携住南楚。男女道俗，北面拥帚者，千二百人。

岁月稍流，思母转至，固请还乡。德行既高，门徒日众。于市桥西北，自营塔庙，殿堂厢廊，倏忽而成。复营三寺，皆悉神速，莫不叹服，称有神力焉。

年八十三，天监三年卒。

初，张峻随父在益州，尝忽然直往，不令预知。同行宾客三十许人。坐始定，便下果粽，并悉时珍。

刺史刘悛，后尝率[20]往，亦复如之。梁宣武王[21]尝送物，使晖设百人会[22]。本言不出，临中自往。及至，乃有三百僧，并王佐吏，近四百人。将欲行道，遣婢来，倩[23]人下食。王即遣入，唯见二弟子及二婢奠食[24]，都无杂手力，王弥复叹其不可量也。

或有问晖者曰："见师生徒，不过中家之产，而造作云为，有若神化。何以至此耶？"

答云："贫道常自无居[25]贮，若须费用，役五三金而已，随[26]复有之，不知所以而然。"故谈者以为有无尽藏焉。

时又有花光尼，本姓鲜，深禅妙观，洞其幽微。遍览三藏，傍兼百氏[27]。尤能属文，述晖赞颂，词旨有则，不乖风雅焉。

注释

①**修道：**此指修行佛道。

②**畺良耶舍：**梵文名为 Kālayaśas，又译为"时称"。宋齐时比丘，宋时自西域来到京都建康，精禅法，宋齐时比丘不少从其学禅。《高僧传》有传。

③**禅观：**坐禅观法。指坐禅时修行种种观法。《景德传灯录》卷二《师子尊者章》："有波利迦者，本习禅观。"（《大正》五十一・页二一四下）《善无畏传》："总持禅观，妙达其旨。"

④**分：**天分。

⑤**审：**确实。本尼传后云："若审然者"，其"审"

意亦同此。

⑥**观行**：佛教术语，以心观理，如同理于其中而行，指洞观心灵之法。

⑦**裁得**：刚刚得到。裁、才通用。

⑧**念**：指守境而深思其事。《法华经·信解品》："即作是念，我财物库藏今有所付。"（《大正》九·页十六下）

⑨**菩萨道**：修六度万行，圆满自利、利他，成就佛果之道，称为菩萨道，乃成佛之正因。欲成佛，必先行菩萨道。《法华经·药草喻品》："汝得所行，是菩萨道。"（《大正》九·页二〇中）

⑩**声闻法**：声闻乃梵文 Śrāvaka 的意译，意听闻佛陀言教而证悟。即观四谛之理，修三十七道品，断见、修二惑而次第证得为四沙门果。期入于"灰身灭智"之无余涅槃者。声闻法，乃专为声闻所说之教法。

⑪**起定**：从禅定中觉醒，即出定。

⑫**营卫**：围成圈来保护。

⑬**根利**：佛家有利根、钝根之说，利根乃聪慧敏觉之人。

⑭**苍头**：奴仆，汉时仆隶以深青色巾包头，故称，后沿此说法。《汉书·鲍宣传》："苍头庐儿，皆用致富。"

⑮**随喜**：佛教忏法之一。忏法有五，即忏悔、劝请、随喜、回向、发愿。而这里随喜指布施赠物，各随

其喜，富施金帛，穷施水草，只要尽其心意，便随之有悦适伴生。杜甫诗云：“时运清盥罢，随喜给孤园。”

⑯**解释**：解脱。

⑰**佛性**：又作如来性、觉性。即佛陀之本性，或指成佛之可能性，因性、种子、佛之菩提之本来性质，为如来藏之异名。一切众生悉有佛性，凡夫以烦恼覆而无显，若断烦恼障、所知障即显佛性。

⑱**临川王**：宋临川王刘道规，死谥烈武。详见前注。

⑲**骠骑**：指彭城王刘义康，宋文帝即位时，曾擢其为骠骑将军。

⑳**率**：率意。

㉑**梁宣武王**：萧懿，字元达，梁长沙郡王，死谥宣武。

㉒**百人会**：佛教的一种斋会形式。

㉓**倩**：请人替自己做事，借助。汉王褒《僮约》：“有一奴，名便了，倩行酤酒。”

㉔**奠食**：设食。

㉕**居**：同“賰”，贮也。这里居、贮乃同义连文。

㉖**随**：随即、不久。

㉗**百氏**：诸子百家之书。

译文

昙晖，俗姓青阳，名白玉，成都（今四川成都）人。从小就乐于信奉佛道，一心想出家，却遭到父母的反对。宋文帝元嘉九年（公元四三二年），有外国禅师畺良耶舍前往蜀地，弘扬禅门之学。昙晖十一岁时，恳请母亲带她去向畺良耶舍请教有关禅法的妙理。禅师一见到她，就惊叹她有很高的天分，于是让她修习禅法，并嘱咐法育尼，让她在昙晖身边予以帮助。

昙晖的母亲因考虑到曾将她许配给她的表兄弟，而且迎亲的日子已迫在眉睫，又实在想不出什么别的好办法来使女儿从这一婚事中脱身。法育尼知道了这一难处，就暗地里将昙晖迎入寺中。昙晖来到寺庙后，立下誓愿："若不能顺遂我出家之愿而硬逼我出嫁，我当以火自焚。"

刺史甄法崇听说此事，就派人将她迎入府第，并召集了手下幕僚和当地一些有德望的人，又延请多位僧尼提出各种问题来诘难昙晖。

法崇问道："你果真想出家吗？"

昙晖答道："我早有此愿，特请刺史大人予以救济。"

法崇说："好！"于是，他派遣使者前去说服昙晖的姑母，姑母奉命听从了。昙晖这才从婚事中解脱出来，随法育尼出家。出家时，只有十三岁。

她从法育尼修学禅观，刚一领受，就于座间入于禅定。在寂然凝定中，她看见东方有二色光明，一如太阳而呈白色，一似月亮而呈青色。她便在禅定中念道："白的必是菩萨道，青的必是声闻法。假使如此，应该让青光消歇，而使白光更加灿烂夺目。"她的这一念果然应验了，青光自行消灭，而白光弥满辉耀。出定之后，昙晖将此事告诉了法育尼师。法育本来就是利根，善于观禅入定，她听说后大为欣喜，连声称赞。当时在座有四十多人，也无不对此深为赞叹，认为这是鲜见的事。

后来，那位表兄弟对昙晖的此举存有疑心，以为这是昙晖为逃婚而诳骗他。于是他想聚众一起把她劫持回家。这年，昙晖十六岁，她遭此劫难，毫不畏惧，让众婢女围成一圈，保卫自己不受侵犯，免被掠走。表兄弟无可奈何，又去请许州刺史，向他诉说昙晖为逃婚而做的奇异之举，刺史心起同情之意，并为他去求助畺良耶舍。畺良耶舍说："昙晖乃利根，不要违背她的志愿。如那位表兄弟能放下此事，未来他家中费用有所不足的，贫道有一奴仆可供其使用，要能接受，我当非常高兴。"于是，昙晖才摆脱那位表兄弟的纠缠。

后来，昙晖在禅定中悟出佛性平等的真义。这些都缘于她的一己之悟，并没有老师传授。当时许多名僧曾就此竭力向她问难，她挫锐解纷，一一作答，一点也不理屈词穷。于是她声誉鹊起，远近道俗，没有不归心折服的。

宋元嘉十九年（公元四四二年），临川王刘道规到南充（今四川南充境）巡访，便延请召见了昙晖尼，当时她才二十一岁。至彭城王、骠骑将军刘义康出守陕地，又将她携往南楚居住。在这里，善男信女奉她为师的有一千二百人。

岁月渐渐流逝，她思母之心也渐渐变得强烈，于是坚决请求回乡探母。回到家乡后，她德行高峻，许多人投之门下，门徒日益增多。于是她在市桥西北，兴造佛教塔寺、殿堂厢廊，很快便造好了。以后又另建三座寺庙，也都神速而成，对如此神速的办事能力，僧众无不感叹，称有神力相助。

她于梁天监三年（公元五〇四年）圆寂，享年八十三岁。

当初，张峻曾随同父亲一道去益州（今四川成都境），曾突然决定前往昙晖所在的寺院，也不事先打招呼。同行者共有三十余人。他们到寺院刚刚坐定，婢女就摆下了水果、粽子等，都是些应时佳品。

后来，刺史刘悛曾领众猝然前往，情况也是这样。梁宣武王萧懿曾送物给昙晖，请她设百人会。本来宣武王不准备去，后临时决定前去。到时一看，竟有三百个僧徒，加上宣武王的下属，将近四百人。在做会之前，昙晖即派婢女上前，奉上食品，请客人们进食。宣武王被邀进内室，只见昙晖两个弟子和两个婢女在做斋食，没有其他人协助。宣武王因此更慨叹昙晖那不可限量的能力。

有人问昙晖："看到尼师寺中财产，也不过是中等人家的水准，为何置办这么多人的菜食能应付自如，宛如神助呢？"

昙晖答道："贫尼常常是室中空空，没有积蓄。倘若需要花费时，也不过用三五两金子而已，可不久所有的花费又都有了，我也不知这是什么缘故。"谈论者则都以为她这里贮有无穷无尽的宝藏。

当时又有花光尼，本姓鲜，深悟禅家妙观之法，并能于禅定中洞察法性之幽微。她遍览佛门三藏，又兼学诸子百家。尤善裁言作文，她的一篇叙述昙晖尼的赞颂文，内容典雅有则，不悖风雅之韵。

高昌都郎中寺冯尼

原典

冯尼者，本姓冯，高昌[①]人也。时人敬重，因以姓为号。年三十出家，住高昌都郎中寺。斋蔬一食，戒行精苦。烧六指供养[②]，皆悉至掌。诵《大涅槃经》，三日一遍。

时有法惠法师，精进迈群，为高昌一国尼依止师[③]。冯后忽谓法惠言："阿阇梨[④]来好，冯是阇梨善知识。阇梨可往龟兹国[⑤]金花寺，帐下[⑥]直日闻当得胜法。"

法惠闻而从之，往至彼寺见直日。直日欢喜，以葡萄酒一斗五升，与之令饮。法惠惊愕："我来觅胜法，翻然饮我非法之物！"不肯饮。直日推背，急令出去。

法惠退思："我既远来，未达此意，恐不宜违。"即顿[⑦]饮之，醉吐迷闷，无所复识。直日便自他行。

法惠酒醒，自知犯戒，追大惭愧，自椎其身，悔责所行，欲自断命。因此思维，得第三果[⑧]。

直日还，问曰："已得耶？"

答曰："然。"

因还高昌。未至二百里，初无音信，冯呼尼众远出迎候。

先知之迹，皆类此也。高昌诸尼，莫不师奉⑨。

年九十六，梁天监二年卒。

注释

①**高昌：**高昌国。作者称伪高昌，乃是当时南方政权对北方列国的蔑称。晋咸和二年（公元三二七年），前凉张骏于此置高昌郡，郡治在高昌城，后魏和平初为蠕蠕所并，立阚伯周为王，始为国。高昌国前后延续近百年，为唐所灭。

②**烧六指供养：**燃烧手指，表示信仰之诚挚。佛教有以身体供养佛者，烧指即属此类，称为烧指供养或燃指供养。

③**依止师：**依止阿阇梨。按佛教规定，比丘尼新度后，要依止其他先辈比丘学习。此师即是依止阿阇梨。

④**阿阇梨：**梵文 Ācārya 的音译，即教授师，又作阿舍梨、阿祇利、阿遮利耶，略称阇梨。意译为轨范师、正行、悦众、教授、传授。意即教授弟子，使之行为端正合宜，而自身又堪为弟子楷模之师，故又称导师。

⑤**龟兹国：**在新疆中部，北依天山，南对昆仑，西通疏勒，东接焉耆，乃丝绸之路上的交通要道，此土佛

法流行，比丘尼也比中土出现早。

⑥**帐下：**犹言座上，对佛徒的尊称。

⑦**顿：**立即。

⑧**第三果：**小乘佛教四果中的第三果。此果称为不还果，指已断尽欲界九品修惑中之后三品，而不再返至欲界受生之阶位。因其不再返至欲界受生，故称为不还。

⑨**师奉：**像老师一样敬奉。

译文

冯尼，本姓冯，高昌国人。因当时人敬重她，便以姓作为她的法号。她三十岁出家，出家后住在高昌国都的郎中寺。她一天素食一餐，精苦守戒，以苦行奉佛。曾烧六指供佛，全都延及手掌。又诵《大涅槃经》，三天就是一遍。

当时高昌国有法惠法师，修道精进勇猛，超群拔世，高昌一国尼众都以他为依止师。后来有一次，冯尼忽然对法惠说："法师来此给尼僧带来福音，我是法师的善知识。我认为，法师若去龟兹国金花寺，在直日法师帐下当能得到高妙之法。"

法惠就听从了冯尼的话，到金花寺去见直日法师。直日一见，大为欢喜，便取来葡萄酒一斗五升，叫法惠饮下。法惠大惊，正言道：“我来寻求佛门高妙之法，你却反而让我喝这违戒之物。”便不肯喝。直日就用力推他的背，让他快快走开。

法惠退出来之后，心中想到：“我既然远道而来，没能达到预想的目的，恐怕还是不宜违背直日的意思。”于是又返回直日帐中，把酒取来立即饮下，饮后就大吐不止，随即迷醉不醒，浑然不省人事。直日却搁下法惠不管，自己走开了。

法惠醒后，自知犯了佛门不许饮酒的大戒，追悔不已，便捶打自己的身体，来责罚刚才所犯的罪障，并想就此结束自己的生命。她由此暗自思忖，并证成第三果，即断绝欲界的烦恼，永不还欲界。

直日回来后，问法惠道：“得到妙法了吗？”

法惠点头称是。这也就应验了冯尼的预言。

法惠于是返回高昌国。离高昌国都尚有二百多里路，且事先并没有通报回来的消息，而冯尼却率领尼众远去迎候，使法惠大为惊异。

冯尼的先知之明，都如以上所举。故高昌国诸尼僧，无不师奉她。

她享年九十六，梁天监二年（公元五〇三年）圆寂。

闲居寺惠胜尼

原典

惠胜，本姓唐，彭城人也。父僧智，寓居建康。胜幼愿出家，以方正[①]自立。希[②]于语言，言必能行。身无轻躁，旬日不出户牖，见之者莫不敬异。

以宋元嘉二十一年出家，时年十八，为净秀尼弟子，住禅林寺。以具戒后，讲《法华经》，随集善寺绪尼，学五门禅[③]。后从草堂寺惠隐[④]、灵根寺法颖[⑤]，备修观法[⑥]，奇相妙证[⑦]，独得怀抱。

人见而问之，皆答云："罪无轻重，一时发露[⑧]！"忏悔恳恻，以昼系夜。贵贱崇敬，供施不断。

年八十一，梁天监四年卒[⑨]，葬于白板山也。

注释

①**方正：**不媚时俗。

②**希：**同"稀"，希于语言，即沉默寡言。

③**五门禅：**佛教有《五门禅经要用法》一卷，刘宋昙摩蜜多译。此经论说数息等五种观禅之法，即不净观、慈悲观、因缘观、念佛观、数息观（安般），称为五门

禅。(《大正》十五·页三二五下)

④**惠隐：**齐梁时比丘，精禅法，生平不详。

⑤**法颖：**齐梁时禅学名僧。疑与大致同时的义学大师法颖非一人。

⑥**观法：**禅观之法。

⑦**奇相妙证：**南朝禅门重以下三事，一为禁欲，二为修心，三为神异。当时信禅之人多以能为神异之事为显能。

⑧**发露：**谓显露表白所犯之过失而无所隐覆。

⑨此篇年代记载有误。惠胜宋文帝元嘉二十一年(公元四四四年)出家，时年十八岁；而于梁武帝天監四年(公元五〇五年)卒，出家时间共六十一年，卒时年寿应为七十九岁。但本传却云："年八十一"，此属误记。

译文

惠胜，俗姓唐，彭城(今江苏徐州)人。父亲僧智，寓居在京都建康。惠胜年幼时就想出家，一心想以刚正清纯的操守而立身处世。她虽然言语不多，但所言必能践行。从不轻率躁竞，曾长时间足不出户，见者无不深相敬崇，认为她不同凡响。

元嘉二十一年(公元四四四年)，她出家修道，时年十八岁，成为京都名尼净秀的弟子，居住在禅林寺中。受具足戒之后，开始讲习《法华经》，并随集善寺慧绪尼学习五门禅。尔后，又跟从草堂寺惠隐、灵根寺法颖修行禅观法，对种种奇相妙证，都能悉心领悟，独具慧解。

人们向她询问禅门秘法，她总是回答说："人的罪障没有轻重，都是一念之中的显现，所以修心养性是最为重要的事啊！"她忏悔时，也总是恳切赤诚，夜以继日。当时不论显贵之人还是贫困之辈，都很崇敬她，供养施䞋也源源不绝。

于梁天监四年（公元五〇五年）圆寂，世寿八十一岁，安葬在白板山。

东青园寺净贤尼

原典

净贤，本姓弘，永世人，住青园东寺。有干局①才能，而好修禅定；博穷经律，言必典正②；虽不讲说③，精究旨要。宋文皇帝④善之。

湘东王或齠龀之年，眠好惊魇，敕从净贤尼受三自归，悸寐即愈。帝益相善，厚崇供施，内外亲宾。

及明帝即位，礼待益隆，资给弥重。建斋⑤设讲，相继不绝。当时名士，莫不宗敬。后总寺任十有余载。

年七十五，梁天监四年卒。复有惠乔、宝颙皆知名。惠乔坐禅诵经，勤营众务；宝颙诵《法华经》，明于观行⑥。

注释

①**干局**：办事的才能、气度。《南齐书·吕安国传》："宋大明末，安国以将领见任，稳重有干局，为刘勔所称。"

②**典正**：典雅纯正。

③**讲说**：讲经说理。禅学在南北朝时分两派：一重

心学，唯心直悟，反对以思辨干扰禅定。一重辩慧，讲求义理，梁武帝曾讽刺重辩慧之禅乃“徒有扬举之名，终亏质实之心”。

④**宋文皇帝：**宋文帝刘义隆，小字车儿。宋武帝第三子。在位时资助佛门，大广佛学。

⑤**建斋：**启建斋会。

⑥**观行：**观心修行，鉴照自心以明了本性。

译文

净贤，俗姓弘，永世（今江苏溧阳县境）人，居住在东青园寺。她有办事的气度和才能，又雅好修习禅定；能广泛深入地探究佛门经、律，且言语必求典雅纯正；虽不善于讲经说法，却能妙测它的旨要。宋文皇帝对她颇为称道。

湘东王年幼时，睡觉常有惊魇的状况，于是他受令从净贤尼受三归依，信奉佛法，此病就立即消除。宋文帝因此更敬重她，供养也愈加丰厚，当时，朝廷内外无不亲近她、崇仰她。

宋明帝登基后，对她礼遇更隆，资给也更重。她建斋设讲，连连不断，法事之盛，蔚为壮观。当时名士，无不宗仰她、钦敬她。嗣后，她统领东青园寺长达十多年之久。

净贤尼享年七十五，于梁天监四年(公元五〇五年)逝世。当时又有惠乔、宝颙二尼，都颇有声名。惠乔尼坐禅诵经，勤理众务；宝颙尼则诵习《法华经》，并精通禅观之法。

竹园寺净渊尼

原典

净渊，本姓时，巨鹿人也。幼有成人之智。五六岁时，常聚沙为塔，刻木成像，烧香礼拜，弥日①不足。每闻人言，辄难尽取其理究。

二十出家。恋慕膝下②，不食不寝，饮水持斋③，谏晓不从，终竟七日。自尔之后，蔬食长斋，戒忍精苦，不由课厉。师友嗟敬，远近称誉。齐文帝大相钦礼，四事供养，信驿重沓④。

年七十一，梁天监五年卒。

注释

①**弥日：**整日、终日。

②**膝下：**本指人幼年时。《孝经·圣治》："故亲生之膝下，以养父母日严。"注："膝下，谓孩幼之时也。"后用作对父母的尊称。这里即指父母。

③**持斋：**过正午不食曰斋。持斋谓受持斋法而不违越。《释氏要览》曰："受持斋法，增长善根。"（《大正》五十四·页二七四上）

④**重沓：**这里指络绎不绝。

译文

净渊，俗姓时，巨鹿（今河北巨鹿）人。年幼时即有成年人的睿智。五六岁时，她常常聚沙为宝塔，刻木为佛像，又时时烧香拜佛，整天如此，并不厌烦。每逢别人谈话，她总喜欢发问，以探求其中深奥的道理。

二十岁时，她离俗出家，皈依佛门。刚开始，因恋慕父母，不吃不睡，饮水持斋，也不听别人的劝告和晓谕，这样持续了整整七天。七天之后，她骤然大变，自觉地蔬食长斋，不需别人苛责，就秉持戒律，精进不怠。因此，她受到了师友们的叹赏和敬重，也博得了远近之人广泛的赞誉。齐文帝对她相当敬崇，备尽礼遇，四时供奉源源不断，信使驿车来往不绝。

她享年七十一岁，于梁天监五年（公元五〇六年）去世。

竹园寺净行尼

原典

净行，即净渊尼第五妹也。幼而神理清秀，远识道赡，爽烈有志分，风调举止，每辄不群。少经与太秣令郭洽妻臧氏相识。洽欲害其妻，言泄于路[①]。行请兄谏洽，洽不从之。行密语臧氏，臧氏不信，行执手恸泣，于是而返。后一二日，洽果害之。

及年十七，从法施尼出家，住竹园寺，学《成实》[②]《毗昙》[③]《涅槃》《华严》。每见事端[④]，已达旨趣；探究渊赜，博辩无穷。

齐竟陵文宣王萧子良厚加资给，僧宗[⑤]、宝亮[⑥]二法师雅相赏异。及请讲说，听众数百人。官第尼寺，法事连续，当时先达[⑦]，无能屈者。竟陵王后区品学众，欲撰僧录[⑧]，莫可与行为辈。

后有尼聪朗、特达，博辩若神。行特亲狎之，众亦以为后来之秀，可与行为俦也。行晚节好禅观，菜食精苦。皇帝[⑨]闻之，雅相叹赏。

年六十六，梁天监八年卒，葬于钟山也。

注释

①**泄于路**：泄露出来。

②**《成实》**：《成实论》，中天竺诃梨跋摩撰，鸠摩罗什译，昙嵒笔受，昙影正写。梁时此有二本，旧本由道嵩传，新本是在旧本的基础上修改而成。今流传本共十六卷，分五聚，二百零二品。

③**《毗昙》**：全称《阿毗昙》，乃梵文 Abhidharm 的音译，意译为对方、大法等，唐译作阿毗达磨。六朝时流行有多种译本，著名者僧伽提婆应慧远之请所作的译本。此经基本思想属于一切有部。毗昙学在当时十分流行。

④**事端**：外表、表层。

⑤**僧宗**：齐梁时僧人，俗姓严，冯翊人，出家后曾依昙斌、昙济二法师学《涅槃经》等，能讲经说法，应变无穷，名震京都。建武三年圆寂，在世五十九年。

⑥**宝亮**：本姓徐，东莱人，十二岁出家，师青州道明法师。二十一岁时至宋都建康，居中兴寺。后屏居禅思，并开庭宣讲，盛于京邑。为人神情爽岸，俊气雄逸，师事者数千人。天监八年（公元五〇九年）卒，在世六十六年。

⑦**先达**：学问渊博之先贤。

⑧**僧录：**僧传。

⑨**皇帝：**此当指梁武帝。名萧衍，与齐皇室本是同族，早年为萧子良门下之“八友”之一，与僧人即有接触，中年后成为佛教虔诚之护法信徒，即位三年即舍道归佛，供养僧尼，广建佛寺，提倡受菩萨戒，并在中国首次提倡禁断肉食，自己三度舍身奉法。他对中国佛教史的发展起了重大推动作用。

译文

净行，是竹园寺净渊尼的第五个妹妹。她自幼神理清秀，识见远阔，思致绵密，而且性格爽烈，颇有志分，风情举止，每每能超群拔俗。她年幼时曾和太秣令郭洽的妻子臧氏相识。后郭洽想害死妻子，不料消息走漏。净行风闻后，便请她的兄长去劝阻，郭洽却执意不听。净行又暗中把郭洽的意图告诉了臧氏，臧氏竟全然不信，净行就握着她的手，恸哭不已，然后才无可奈何地走开。过了一两天，郭洽果然害死了妻子臧氏。

十七岁时，净行从法施尼出家，居住在竹园寺，学《成实》《毗昙》《涅槃》《华严》四经。她悟性极好，每每研习经书，只需稍加触及，便能通晓它的旨趣，探究它的秘奥，并能由此引发，应会无方，博辩无穷。

齐竟陵文宣王萧子良对她厚加供奉，僧宗、宝亮二法师也对她颇为赏识。于是延请她来宣讲佛理，听众竟达数百人之多。当时官家尼寺，法事不断，先达诸人，都不能挫折她的无碍辩才。后来竟陵王萧子良将京城僧众加以区分条贯，想撰写一部“僧传录”，但当时尼众中还没有人能和净行尼相侔比。

后有尼僧聪朗、特达，都擅长于博辩，其说法的样子宛如神授。净行就特别亲近她们，当时信众也认为她俩是后起之秀，可以和净行尼相匹比。净行晚年特好禅观，茹素精苦，梁武帝闻知，对她大为叹赏。

她世寿六十六，于梁天监八年（公元五〇九年）入化，死后安葬在钟山。

南晋陵寺令玉尼

原典

令玉，本姓蔡，建康人也。父朗。少出家，住何后寺①禅房，为净晖尼弟子。净晖律行纯白，思业②过人。玉少事师长，恭勤匪懈。始受十戒，威仪③可观。及受具戒，禁行清白，有若冰雪。

博寻五部④，妙究幽宗⑤，雅能传述。梁邵陵王⑥纶，大相钦敬，请为南晋陵寺主。固让不当，王不能屈。以永徽⑦元年再敕，事不获免。在任积年，不矜而庄，不厉而威。

年七十六，梁天监八年卒。寺复有令惠、戒忍、惠力，并显名。令惠讲《妙法莲华》《维摩》《胜鬘》等经，勤身蔬饭，卓然众表。戒忍聪朗好学，经目不忘。惠力雅识灵通，无所矫竞。

注释

①**何后寺：**北永安寺。晋穆帝何皇后所建，详见卷一《昙备尼传》。

②**思业：**佛家认为人有身、口、意三业，思业乃心

灵之造作，即人的思维。

③**威仪**：恪守戒律之庄严仪态。

④**五部**：佛灭后百年，律藏付法藏，第五世优婆毱多之下有弟子五人，在戒律上各抱异见，故分五派：一、昙无德部，意为法正、法护、法密、法镜等，称为《四分律》；二、萨婆多部，意为一切有，称《十诵律》；三、弥沙塞部，意为不着有无观，称《五分律》；四、迦叶遗部，意为重空观，称《解脱律》；五、婆差富罗，意为着有行，称《摩诃僧祇律》。

⑤**幽宗**：玄妙的义旨。

⑥**邵陵王**：梁邵陵携王萧纶，字世调，小字六真，梁武帝第六子。少聪颖，天监十三年，封邵陵郡王，曾为扬州刺史，后战败被杀。

⑦**永徽**：当为“元徽”之误，宋后废帝年号，依校改。

译文

令玉，俗姓蔡，建康（今江苏南京）人。父亲名蔡朗。令玉年幼时就出家修道，居住在何后寺，是净晖尼的弟子。净晖恪循戒范，洁净无染，慧思过人。令玉虽然年幼，但侍奉师长，恭勤不怠。她受十戒以后，就行有风范，威仪可观。等到二十岁受持具足戒后，戒行就更清白，宛然如冰雪。

她广究五部戒律，妙测玄意幽旨，并擅长于传述讲解。梁邵陵王萧纶，对她十分崇敬，便敬请她为南晋陵寺主。她坚决推辞，执意不允，萧纶不能使她回心转意。到了宋后废帝元徽元年（公元四七三年），又再次下令让她出任寺主，她终因推辞不过，只好听命就任。在任多年，她不矜而庄，不厉而威，深得人们的尊崇。

她享年七十六岁，于梁天监八年（公元五〇九年）去世。同寺又有令惠、戒忍、惠力，都名震于当时。其中令惠讲《妙法莲华经》《维摩诘所说经》《胜鬘经》等经，她精勤奋勉，蔬饭素斋，卓然超迈于群伦。戒忍尼聪慧敏悟，好学众经，过目不忘。惠力尼博雅多识，天资颖脱，无骄纵躁竞的恶习。

闲居寺僧述尼

原典

僧述，本姓怀，彭城人也。父僧珍，侨居建康。述幼而志道，八岁蔬食。及年十九，以宋元嘉二十四年，从禅林寺净秀尼出家。节行精苦，法检[①]不亏。

游心经律，靡不遍览。后偏功《十诵》[②]，文义优洽[③]。复从隐、审二法师[④]，谘受秘观[⑤]，遍三昧门。移住禅林寺，为禅学所宗。去来投集，更成嚣动，述因有隐居之志。

宋临川王[⑥]母张贵嫔闻之，舍所居宅，欲为立寺，时制不得辄造[⑦]。到元徽二年九月一日，汝南王母吴充年华，启敕即就。缔构堂殿房宇五十余间，率其同志二十人，以禅寂[⑧]为乐，名曰闲居。

述动静守真，不敩浮饰。宋齐之季，世道纷喧，且禅且寂，风尘不扰。齐文惠帝[⑨]、竟陵文宣王[⑩]大相礼遇，修饰一寺，事事光奇，四时供养，未曾休息[⑪]。及大梁开泰[⑫]，天下有道，白黑[⑬]敬仰，四远[⑭]云萃[⑮]。

而述不蓄私财，随得随散，或赈济四众，或放生乞施。造金像五躯，并皆壮丽。写经及律一千余卷，标帙带轴，宝饰庄严。

年八十四，梁天监十二年卒，葬于钟山之西阳也。

注释

①**法检：**戒行。

②**《十诵》：**《十诵律》，律藏五部之一。详见前注。

③**优洽：**遍及、广被。颜延之《赭白马赋》："文教迄已优洽。"

④**隐、审二法师：**宋齐时京中著名禅师，比丘尼多从之学禅。如卷三载禅基寺僧盖尼、东青园寺法全尼均从之学禅。

⑤**秘观：**禅秘之观。

⑥**临川王：**刘道规，死谥烈武。宋武帝之弟。

⑦**时制不得辄造：**宋时诸帝有感于佛寺僧众过于庞大之现状，曾多次制定沙汰僧尼、禁造寺庙之法，宋后废帝还驱斥僧徒，毁废寺院，诏令不准随意建造佛寺。

⑧**禅寂：**禅定之静寂。

⑨**齐文惠帝：**齐武帝文惠皇太子萧长懋。

⑩**竟陵文宣王：**萧子良。二人均信佛，京中佛寺多得其助益。《南史》卷四十四谓文惠太子"与竟陵王子良俱好释氏，立六疾馆以养穷人"。且性好奢侈，此处所谓

"修饰一寺，事事光奇"，亦其好奢之一端也。

⑪**休息**：停止。

⑫**大梁开泰**：撰者宝唱乃梁僧，此为对其所在朝代之美誉也。

⑬**白黑**：道俗。出家人服缁（黑）衣，故以缁衣代指佛门弟子。

⑭**四远**：四方边远之地。王充《论衡·超奇》："珍物产于四远。"这里指各边远地区的道路。

⑮**云萃**：犹"云集"，像云一样聚集。

译文

僧述，俗姓怀，彭城（今江苏徐州）人。父亲名僧珍，寓居在建康（今江苏南京）。僧述年幼时，就立志修道，皈依佛门，八岁时，就吃素戒荤，循守佛规。到了十九岁，也就是在宋元嘉二十四年（公元四四七年），她从禅林寺净秀尼出家。出家后，她更是节行精苦，恪守戒律，不曾有丝毫触犯。

她潜心经、律、论三藏，对佛苑经典，以遍览为乐事。后又专修《十诵律》，并能精思旁求，捕捉文意。她又随隐、审二法师，禀受禅观秘法，遍习禅定三昧，以达于法性真如。后移居到禅林寺，为当时禅学界所宗尚。因来学法的人很多，禅林寺竟成了喧嚣纷扰的场所，她深感在此难入禅境，就萌发了隐居的意愿。

宋临川王刘道规的母亲张贵嫔听说她有隐居之意后，便想让出自己的住宅，给僧述建一座精舍，但当时明文规定，不得擅自营造寺庙，这才作罢。到了宋后废帝元徽二年（公元四七四年）九月一日，汝南王母亲吴充年岁已大，就为僧述请建，待诏令许建，就建造了五十多间堂殿房宇。建成之后，僧述就率领她的同道者二十人居住到那里。她们都以禅寂为乐，于是就把居住的寺庙取名为闲居寺。

僧述动静举止保守本真，不喜尘俗浮华。宋齐末年，世事纷扰，战乱频仍，她却且禅且寂，俗尘不染。齐文惠太子萧长懋、竟陵文宣王萧子良对她颇相敬崇，优礼有加，曾为她修饰佛寺，灿然可观，又厚加供奉，一年四季从未间断。到了梁皇时代，天下有道，国泰民安，她深受世俗之人和僧徒的景仰，四面边远之地的善男信女都纷纷云集到她这里。

她不蓄私财，总是随得随散，或赈济那些僧、尼和清信男女，或施给那些乞求帮助的众生。她又造了五尊金佛像，无不妙相庄严。曾写经、律千余卷，卷卷装帧考究，标帙带轴，宝饰庄严精美。

僧述于梁天监十二年（公元五一三年）圆寂，世寿八十四，安葬在钟山的西阳。

西青园寺妙祎尼

原典

妙祎，本姓刘，建康人也。龆龀[①]之年，而神机秀发。幼出家，住西青园寺[②]。戒行无点[③]，神情超悟，敦信[④]布惠[⑤]，莫不怀之。雅好谈说，尤善语笑。

讲《大涅槃》《法华》《十地》[⑥]，并三十余遍，《十诵》《毗尼母经》[⑦]敷说。随方导物，利益[⑧]弘多。

年七十，梁天监十二年卒也。

注释

①**龆龀**：毁齿之年，即幼年。

②**西青园寺**：元嘉三年，驸马王景深为其母范氏以王坦之祠堂地为业首尼造青园寺，泰始三年，此寺分东、西二寺。

③**无点**：没有染污。

④**敦信**：诚信。

⑤**布惠**：施惠，普度众生。

⑥**《十地》**：《十地经论》，汉译本十二卷，世亲造。内容为《华严经》中的《十地品》，由菩提流支与勒那摩

提等于公元五〇八年译出，系解说菩萨修行之阶位，十地融摄一切善法：初三地寄说世间之善法；次四地说三乘修行之相状；后三地则说一乘教法。

⑦**《毗尼母经》**：又名《毗尼母经论》，八卷，母经者，以母生子，比喻行法的作用。

⑧**利益**：犹言功德，若分开来说，则自言为功德，益他为利益，利益乃宣扬佛法的教化功能。

译文

妙祎，俗姓刘，建康（今江苏南京）人。她幼年时就神机英发，秀拔群伦。出家行道后，住在西青园寺。她戒行清白无瑕，天资高朗，颖悟非常，笃好崇信施惠，普度众生。又颇好谈说，口齿清雅伶俐，尤其擅长于笑语打趣。

她讲《大般涅槃经》《法华经》《十地经论》诸经，共三十余遍；又曾讲解《十诵律》和《毗尼母经》。她随方导人，勤于训诱，功德显赫，沾溉甚多。

享年七十岁，梁天监十二年（公元五一三年）圆寂。

乐安寺惠晖尼

原典

惠晖，本姓骆，青州人也。六岁乐道，父母不听。至年十一，断荤辛绝味。清虚淡朗，姿貌详雅，读《大涅槃经》，诵《妙法莲华经》。及年十七，随父出都，精进勇猛，行人所不及。父母爱焉，听遂其志。十八出家，住乐安寺。

从斌[①]、济[②]、柔[③]、次[④]四法师，听《成实论》[⑤]，及《涅槃》诸经。于十余年中，郁为义林[⑥]。京邑诸尼，无不师受。于是法筵频建[⑦]，四远云集。

讲说不休，禅诵无辍。标心正念，日夕忘寝。王公贵贱，无不敬重；十方赡遗，四时殷竞。所获之财，追造经像，随宜远施。时有不泄者，改缉乐安寺，莫不新整。

年七十三，梁天监十三年卒，葬于石头岗。时复有惠意，以礼诵为业。

注释

①**斌：**昙斌。刘宋时比丘，南阳苏氏子。师范道祎

法师，初住江陵西寺，后住新安寺，开庭讲座，阐发《大涅槃经》等要旨，义学之名大震于时。

②**济**：昙济，师事僧导法师，修习《成实论》《大涅槃经》，尤以《七宗论》闻名于世，亦是义学高手。

③**柔**：僧柔，齐梁时比丘，师弘称法师，初住剡白山灵鹫寺，后移住京都，居定林寺，以《成实论》显名。

④**次**：慧次，齐梁时比丘，幼即出家，从法迁受学，博通经论，尤擅《成实论》，时在京中讲学，名震江南。

⑤**《成实论》**：撰者乃中天竺的诃梨跋摩（师子铠），鸠摩罗什译。据梁智藏《成实大义记》载，当时流行的有两个译本，一为道嵩传本，一为智藏所传，后者名为《新实论》。本经结构严密，尤重义理的推阐，分为五聚，二百零二品，是南北朝义学者推重的经书，因得以广泛流行。

⑥**义林**：义学之林。与重心性悟彻的禅学不同，义学重义理之解释、概念之推阐，集中讨论名数、因果阶级、法相等问题。南北朝时，南方重义学，北方重禅门。

⑦**法筵频建**：开学讲席不绝。

译文

惠晖，俗姓骆，青州（今属江苏连云港市东云台山一带）人。六岁时就信佛乐道，遭到父母阻止。到了十一岁，她断荤辛，绝美味，心性清虚淡朗，姿貌安详端雅，喜读《大涅槃经》，又诵习《妙法莲华经》。十七岁时，她随父亲入京都，勇猛精进，胜过同行之人。父母深爱她，便依从了她的志愿。十八岁时，她离俗出家，居住在乐安寺中。

她从昙斌、昙济、僧柔、慧次四法师，听闻《成实论》《大涅槃经》诸经。经过十多年的研习，终于也在尼众中蔚成了注重义学的风气。京都诸尼僧，无不奉她为师，从她受学。此时乐安寺法筵不绝，四方人纷纷云集。

她讲经说法不知倦怠，悉心禅诵从未停止。她端心正念，遁入禅境，废寝忘食，不知早晚。因此，王公贵人、寒门俗子无不对她深相敬重；十方遗赠络绎不绝，四季供养源源而来。她所得财物，从不敛聚，或追造经书佛像，或因需施给远方。又常有发散未完的财物，她便用来改修乐安寺，使它新整庄丽，灿然可观。

享年七十三，梁天监十三年（公元五一四年）去世，安葬在石头岗。当时又有惠意尼，以礼佛、诵经为业，也颇负声名。

底山寺道贵尼

原典

道贵，本姓寿，长安人也。幼清夷冲素，善研机理①，志干②勤整，精苦过人。誓弘大化③，荤鲜不食；济物为怀，弊衣自足。诵《胜鬘》④《无量寿经》⑤，不舍昼夜。父母忧念，使其为道。

十七出家，博览经律，究竟文理，不羡名闻，唯以进道⑥为业。观境入定，行坐不休；悔过发愿，言辞哀敏，听者震肃。

齐竟陵文宣王萧子良善相推敬，为造顶山寺，以聚禅众。请贵为知事⑦，固执不从。请为禅范⑧，然后许之。于是结挂林下，栖寄毕世。纵复屯云⑨晦景，委雪埋山，端然寂坐，曾无⑩闷焉。得人信施，广兴福业⑪，不以纤毫自润己身。

年八十六，梁天监十五年卒，葬于钟山之阳⑫也。

注释

①**机理：**玄妙之理。

②**志干：**志向才干。

③**大化**：佛陀教化。《法华玄义》卷十："说教之纲格，大化之筌蹄。"

④**《胜鬘》**：《胜鬘经》，乃《胜鬘夫人师子吼经》的简称。隋前有北凉昙无谶和刘宋求那跋陀罗的两种译本。该经叙述胜鬘夫人于佛陀面前演说一乘、一谛、一依等大乘佛法。由于此经以众生皆有如来藏为主旨，对南北朝之禅学颇有影响。

⑤**《无量寿经》**：二卷，现流行本为曹魏康僧铠所译，为净土三部经之一。南北朝此经于中土颇为流行。

⑥**进道**：奉道、学道。

⑦**知事**：总领寺院的僧官。

⑧**禅范**：禅门之规范。

⑨**屯云**：屯，集也。屯云，即浓云密布。

⑩**曾无**：一点也没有。

⑪**福业**：功德利益。

⑫**阳**：山的南面。

译文

道贵，俗姓寿，长安（今陕西西安）人。年幼时，清平冲淡，善究玄理，做事勤勉，颇有志向，精进刻苦超过他人。她立誓弘扬佛陀的教化，故能断食荤鲜之物，而唯以济人为怀，对素食粗衣能怡然自足。日夜诵习《胜鬘经》《无量寿经》，精进不懈。父母对此忧念不已，但最终也只得让她去学佛行道。

十七岁出家后，她博览经、律，深究义理，不求名闻显达，唯以进道为业。她观境入定，行坐不止；悔过发愿，言辞恳切非常，故而听者无不肃然起敬。

齐竟陵文宣王萧子良对她颇为推崇，为她建造了顶山寺，想以此招徕禅众，便请她任知事，管理众尼，不料她执意不从。于是又请从她学习禅门规范，她这才应允。于是道贵栖身林下，终此一生。纵然是云层密布、日光晦暗、积雪封山，她都端然静坐，遁入禅境，一点也不感到烦扰。她得人信施很多，总是大行善举、广兴福业，从不占取分毫来丰润己身。

她于梁天监十五年（公元五一六年）辞世，享年八十六。死后安葬在钟山的南面。

山阴招明寺法宣尼

原典

法宣，本姓王，剡人也。父道寄，世奉正法。宣幼而有离俗之志，年始七岁，而蔬食苦节。

及年十八，诵《法华经》，首尾通利[1]，解其指归，坐卧辄见帐盖覆之。骤[2]有媒娉，誓而弗许。至年二十，父母携就剡齐明寺德乐尼[3]，改服从道，即于是日帐盖自消。

博览经书，深入理味。成戒已后，乡邑时人，望俗义道，莫不服其精致。

逮宋氏之季，有僧柔[4]法师，周游东夏[5]，讲宣经论，自嶀嵊[6]而之禹穴[7]，或发灵隐[8]，或往姑苏。僧柔数论之趣，惠基[9]经书之要，咸畅其精微，究其渊奥。

及齐永明中，又从惠熙[10]法师，谘受《十诵》[11]，所餐日优，所见月赜。于是移住山阴招明寺，经律迭讲，声高于越[12]。不立私财，以嚫施之物，修饰寺宇。造构精华，状若神功。写经铸像，靡不必备。

吴郡张援、颍川庾咏、汝南周颙[13]，皆一时之名秀，莫不躬往礼敬。齐巴陵王萧昭胄[14]，出守会稽，厚加供待。梁衡阳王元简，即到郡，请为母师。

春秋八十三，梁天监十五年卒矣。

注释

①**通利**：佛教术语，能通其事而毫无滞碍。《法华经·序品》："虽读诵诸经而不通利。"

②**骤**：屡次。

③**德乐尼**：详见本书经典4齐《德乐尼传》。

④**僧柔**：见本书经典5梁《惠晖尼传》注③。

⑤**东夏**：东南之土。

⑥**崿嵊**：在浙江嵊州北，为其地名胜。

⑦**禹穴**：在浙江绍兴宛委山，亦是一名胜。

⑧**灵隐**：灵隐寺，中国古代著名寺院，在今杭州西湖边，建于晋咸和年间，后代不断整修扩大。

⑨**惠基**：基为"其"之讹。南齐比丘，钱塘(今杭州)人，俗姓吕，从僧伽跋摩探究禅学，奉敕为东土僧正。

⑩**惠熙**：南齐比丘，精律学，生平未详。

⑪**《十诵》**：萨婆多部《十诵律》。

⑫**越**：越地，即今东南之地，古属越国。

⑬**吴郡张援、颍川庾咏、汝南周颙**：均为齐梁时名士。其中周颙，字彦伦，汝南安阳人，曾官殿中郎、给

事中、中书郎等，崇佛学，著有《三宗论》。

⑭**萧昭胄：**齐巴陵王，竟陵王萧子良子，博涉经史，有乃父之风。

译文

法宣，俗姓王，剡地（今属浙江）人。父亲名道寄，世代崇奉佛法。她年幼便有离俗出家的志愿，年仅七岁时，就食素戒荤，清苦自励。

到了十八岁，开始诵习《法华经》，从头至尾，贯通无碍，并能解悟其义、旨趣。每当她坐卧时，总可见到幡盖覆盖在她的上面。曾有人不断来提亲、送聘礼，她都矢志不许，一概拒绝。到了二十岁，父母携她去剡地的齐明寺，拜德乐尼为师，于是她换上僧服，成为一个出家人。也就在出家的那天，垂覆在她头上的幡盖自行消失了。

出家后，她博览经书，深研其中的精理义味。学道之后，乡邑中那些厌俗慕道的人，都很敬服她对经书理解得深刻细致。

刘宋时期，有僧柔法师，游化东南诸地，从嶀嵊之山到禹穴奇景，处处留下了他的踪迹，或到灵隐寺，或去姑苏（今江苏苏州）。僧柔探究佛法数论的旨趣，并将经典义理大要，传授给她，法宣都能悉心领会，畅其精微，穷其奥义。

到了齐永明（公元四八三—四九三年）年间，她又从惠熙法师禀受《十诵律》。于是她所饱览的经籍日渐广博，所得到的收获也日显深入。后又移居到山阴（今浙江绍兴）的招明寺。在那里，她宣讲经、律，讲堂常开，故而声望鹊起于当地。她不蓄私财，每得施舍财物，全都用以修饰寺宇。寺宇构造精工华美，外观仿佛神人所为。写经书、铸佛像，她又无不躬亲而为。

吴郡（今江苏苏州）张援、颍川（今河南许昌）庾咏、汝南（今河南汝南）周颙，都是当时的俊秀名人，他们无不亲自登门求教，对她礼敬甚恭。齐巴陵王萧昭胄，曾出守会稽，对她也厚加供养。梁衡阳王元简，刚到郡就任，便恭请她担任母师。

她于梁天监十五年（公元五一六年）入化，享寿八十有三。

源流

此书撰成之后，很长时间史不见载，隋前经籍均未著录。梁僧祐《出三藏记集》、隋法经《众经目录》等皆未载其目；隋费长房《历代三宝记》载宝唱所撰集凡八部，一百零七卷，亦未见是书。至唐代，《大唐内典录》和释道宣之《续高僧传·宝唱传》中也未提及是书。

唐智昇《开元释教录》中才首次著录，该书卷六“宝唱”项内列“《比丘尼传》，四卷”，并注曰：“述晋、宋、齐、梁四代尼行，新编入录。”这表明，在智昇所见前代内典目录中，均无此书踪迹，故智昇才将它作为新发现而增加入目。

智昇并在《开元释教录》后所附的二卷《入藏录》中，将此书正式入藏。今人方广錩据《高丽藏》《资福藏》《大正藏》等后代刻本予以复原，此书在一〇七六部的《入藏录》中位列一〇七三号。

由于《开元录》的增入，是书于唐开元之后遂流行开来。如唐慧琳《一切经音义》中，即多次征引是书。《旧唐书·艺文志》载其目，列为四卷，《新唐书·艺文志》亦作四卷，唯《宋史·艺文志》著录云："僧宝唱《比丘尼传》，五卷。"与他本相比勘，作五卷者疑有误。

从《比丘尼传》编写体例上看，全书分晋、宋、齐、梁，各属一卷，畛域分明，分为四卷自当顺理成章。宋晁公武《郡斋读书志》云："《比丘尼传》，四卷，萧梁僧宝唱撰，起晋升平，迄梁天监，得尼六十五人，为之传，以净检为首。"元马端临《文献通考·经籍考》亦作四卷。

《开元入藏录》入藏经典一〇七六部，计五〇四八卷，号称"五千卷"，对后代影响巨大。《比丘尼传》因被列入"五千卷"，方得以流传广布。会昌法难后，全国均以《开元入藏录》为标准点勘，恢复本地藏经，正如《大正藏》所云："西京崇福寺沙门智昇撰《开元释教录》二〇卷，以五〇四八卷为定数。"（第四九卷第三七四页下）

姚名达《中国目录学史》谈及此书时亦云："后世藏经，悉准此《入藏录》之成法；凡分类、次序及用《千字文》标号，无不垂为永式，其魄力可谓大矣。"（上海书店影印本，二八二页，一九八四年六月）后世刻经均以此为“永式”，《比丘尼传》正赖此而延续。

宋神宗元丰年间所刻之《崇宁万寿大藏》、宋高宗绍兴年间所刻之《大藏经》（或称《资福藏》）、南宋末平江府碛砂延圣院所刻《大藏经》（或称《碛砂藏》）、元至元年间所刻之《大藏经》（或称《普宁藏》）均收录此书。

在国外，高丽显宗时所刻之《高丽藏》，也予以收录。日本《大正藏》第五十卷、藏经书院明治三十五年刻《大藏经》第三十套及《续藏经》致套第十一册亦予以收录，且均作四卷。光绪十一年十月金陵刻经处有单行本行世。本书所录文字以金陵刻经处本为底本，并酌参《大正藏》等版本以校。

这里需要交代的是，佛学界一般以《开元入藏录》为《比丘尼传》之最早著录之书，但此说尚可讨论。考《隋书 · 经籍志》二，中收录《尼传》一目，谓：“《尼传》，二卷，皎法师撰。”我们认为此《尼传》，当即《比丘尼传》，“皎法师”实为“释宝唱”之讹误，何以知之？

首先，《续高僧传》卷六《慧皎传》中未见引有是书，而《开元释教录》慧皎项内亦无此书之目，历代刻经中也均无慧皎撰《尼传》的记载。此其可疑者一。

其二，《隋书 · 经籍志》所录佛书，作者常有误。如此书杂传类有《高僧传》四卷，题为释僧祐所著，实当为慧皎所撰。因慧皎与僧祐同为梁高僧，故有此误。而《尼传》作者宝唱和慧皎亦属同时代人，在佛教史上均有重要著作，因而致此讹误的可能也极大。此乃当疑者二。

其三，《尼传》与《比丘尼传》名虽有别，但稍加审度，此“尼”乃“比丘尼”之简称亦莹然可见。至于《隋志》题为二卷，与通行本卷数不合，则未详何故。

缘此三端，我们以为《比丘尼传》最早著录之书并非《开元释教录》，而应当是《隋书·经籍志》，后者出于唐贞观（公元六二七—六四九年）年间，而前者乃唐开元年间（公元七一三—七四一年），前后相距至少有六十余年。

解
说

六朝之际，尼寺林立，京师里巷，逶迤相接，乡村野陌，尼寺亦在在而是；尼寺少则数十人，多则数百人，甚至千余人。每朝每代，尼僧盖可尽数？

比丘尼形成如此庞大的群体，它就不仅仅是一种宗教现象，而且也是一种社会文化现象。我们看到，从西晋末以来，比丘尼的人数愈来愈多，她们在社会文化中所占的地位也愈来愈显著。在以虔诚奉佛的主流文化中，比丘尼也随之受到人们的瞩目。

一部《比丘尼传》，可以说是一部六朝时比丘尼的文化史，是六朝时期比丘尼信佛活动和文化活动的集成。既然是传记，尼传显然不在于表现她们的诵经的内容、阐述佛典的教义，而在于记述比丘尼出家前后的事情本末，重在“史”而不在“义”，因此也必将触及广泛的社会内容。

王室和达官显贵重视尼僧，是比丘尼现象得到迅速发展的主因。晋世以还，比丘尼出入宫闱，受到皇室的推崇并产生影响，地方官宦之家也常以襄助比丘尼来博取社会好感。两晋和宋、齐、梁、五代，几乎各朝各代都有皇上礼遇寺尼、常加供奉之事，这也可以说是该时期政治文化的一个特色。

《比丘尼传》卷一，谓晋穆帝对昙备尼“礼接敬厚”，尝称曰：“久看更佳。”又对章皇后何氏曰：“京邑比丘尼，鲜有昙备俦也。”后为之建寺。

晋穆帝也对僧基尼大相称道，“雅相崇礼”。晋明帝对新林寺道容尼“甚见敬事”，尝请她做七日斋，以祛除邪怪，并惊其妙法。

宋世诸帝，钦重尼僧，有甚于晋。宋武帝对东青园寺业首尼至为推重，该传称：“宋高祖武皇帝雅相敬异。文帝少时，从受三归。住永安寺，供施相续。”以皇儿相托，可见信任之深。

《宝贤尼传》载：“宋文皇帝（对宝贤尼）深加礼遇，供以衣食。及孝武，雅相敬待，月给钱一万。明帝即位，赏接弥崇。”三代君主并重于一尼，亦足见当时敬尼之一贯世风。

卷四《净贤尼传》称：“宋文皇帝善之。湘东王或龆龀之年，眠好惊魇，敕从净贤尼受三自归，悸寐即愈。帝益相善，厚崇供施，内外亲宾。及明帝即位，礼待益隆，资给弥重。”

宋明帝对普贤寺法净尼，也深嘉其行，“宫内接遇，礼兼师友”。齐沿宋风，未曾消歇。齐武帝曾请妙智尼讲经，又为慧绪尼建寺。齐文惠帝对净曜尼、昙简尼也是大为崇重，优礼有加。

纵观五代君主，几乎代代重尼，或钦其德，或惊其异，或慕其行，为其建寺、提官，大资所需，延入宫内，奉为明师，甚至礼聘为家师。其时，尼僧地位之显赫，在中国历史上也是罕有其匹的。

比丘尼制度从草创之初，短短百余年，便彬彬称盛，大备于时。这固然取决于君主的高度重视，同时还赖于皇室其他成员（如皇后、宫妃、王子）及臣子的相助之力。比丘尼乃女众学佛之人，这也就自然地增加了皇后、宫妃们和她们接触的机会，为她们枯燥的宫廷生活带来一种新鲜的宗教气息。

在尼传中，我们不时可以看到，皇后、宫妃对尼僧总是显得那样的乐善好施，出资割地为她建寺，一遇名尼，“富贵妇女，争与之游”（《道瑗尼传》），“通家妇女，莫不远修书覶”（《法净尼传》）。诸尼僧也“出入宫掖，交关妃后”（《南书·天竺传》）。而皇帝喜好，也常将其迎至后宫布教。故供奉尼事纷传，亦是六朝政治生活中之一独特事。

各朝王子也常与尼僧往还切磋，仅《比丘尼传》中之宋临川王子刘义庆结交昙晖尼；江夏王刘义恭为慧琼尼立寺，对慧浚尼甚敬重；齐文惠太子对僧敬尼、净秀尼、智胜尼等敬加供奉，并请净曜尼讲经；豫章文宪王萧嶷特重慧绪尼；竟陵王萧子良于僧敬、净曜、净秀、净行、僧述等尼僧均相结好；始安王遥光也赈给法宣尼所用。至梁有衡阳王元简等也颇重尼行。

六朝尼僧就是在与皇室的往来网络中发展起来的，她们也正是借着这层关系而发挥其愈来愈大的作用。尼僧不仅能扩大尼寺、弘传佛法、教化信徒、寻求经济上的保障，同时也常扮演着宗教本身的作用。

据《南史》卷七十八载：宋孝武帝一方面崇佛敬僧，另一方面又想“沙汰沙门”，“而诸寺尼出入宫掖，交关妃后，此制竟不能行”。细研《比丘尼传》，便可对六朝时比丘尼参政之举有些直观了解了。

《比丘尼传》卷一《妙音尼传》云：

“荆州刺史王忱死，烈宗意欲以王恭代之。时桓玄在江陵，为忱所折挫，闻恭应往，素又惮恭。殷仲堪时为黄门侍郎，玄知殷仲堪弱才，亦易制御，意欲得之，乃遣使凭妙音尼为堪图州。既而烈宗问妙音：‘荆州缺，外闻云谁应作者？’答曰：‘贫道出家人，岂容及俗中论议？如闻内外谈者，并云无过殷仲堪，以其意虑深远，荆楚所须。’帝然之，遂以代忱。权倾一朝，威行内外云云。”

妙音尼竟能凭一尼僧，说服皇上，确定人选；刚愎如桓玄，竟也想到托一尼僧，代为游说，亦足见其对朝廷的影响力了。

关于妙音尼参与朝政之事，《晋书》中也有记载。其卷六十四《简文三子会稽王道子传》云：“国宝（王国宝）即宁（范宁）之甥，以谄事道子，宁奏请黜之。国宝惧，使陈郡袁悦之因尼妙音，致书与太子母陈淑媛，说国宝忠谨，宜见亲信，帝因发怒，斩悦之。”《晋书》卷七十五《王湛传》附国宝事，亦言“国宝乃使陈郡袁悦之因尼妙音致书与太子母陈淑媛”事。

另一则见于《比丘尼传》的尼僧参政之事，是宋王国寺的法静尼。《宋书》卷六十九《范晔传》中有载：

“有法略道人，先为义康所供养，粗被知待，又有王国寺法静尼亦出入义康家内，皆感激旧恩，规相拯拔，并与熙先往来。……熙先善于治病，并能拯脈。法静尼妹夫许耀领队在台，宿卫殿省。尝有病，因法静尼就熙先乞治。”

《南史》卷三十三《范泰传》更得其详，谓：

“豫章胡藩子遵世与法静甚款，亦密相酬和。法静尼南上，熙先遣婢采藻随之，付以笺书，陈说图谶，法静还，义康饷熙先铜匕、铜镊、袍缎、綦奁等物。”

尼僧能在社会政治生活中起到如此作用，以至权上朝廷，一方面是由于个别尼僧的造化，但更重要的原因则在于上层社会的引发。六朝的统治者资助尼僧、促进尼寺经济的发展，但同时也常常染污这一净地，利用尼僧来达到自己的目的。这种乱世蓄尼、养尼的世风显然污染了一些尼僧的清净修行。

另外，许多王公大臣不尊重佛门净地，宋后废帝曾“往青园尼寺、新安寺偷狗，就昙度道人煮之饮酒”（许嵩《建康实录》卷二十）。梁元帝之徐妃，淫荡非常，“时有贺徽者美色，妃要之于普贤尼寺，书白角枕为诗相赠答”（《南史》卷十二）。其时，甚至还出现“兴宗纳何后寺智妃为妾，姿貌甚美”（《南史》卷二十九）的荒而唐之的事，显现五代以还上层社会污渎尼寺的另一种面貌。

因此，在《比丘尼传》及其相关的材料中，我们看到，两晋、宋、齐、梁时代的比丘尼现象有时是一种扭曲的繁荣。这是一个中国女子走上宗教活动中心的时代，也是一个妇女以另一种方式受到摧残的时代。这是研究中国妇女史一个不容忽视的课题。

值得一提的是，在当时贵族重视比丘尼的背后，也常含有对比丘尼的摧残。大多数比丘尼只能认此命运，但其中也不乏一些反抗者。《比丘尼传》卷一《智贤尼传》载：

“太守杜霸，笃信黄老，憎疾释种。符下诸寺，克日简汰。制格高峻，非凡所行。……简试之日，尼众盛壮，唯贤而已。霸先试贤以格，格皆有余。贤仪观清雅，辞吐辩丽，霸密挟邪心，逼贤独住。贤识其意，誓不毁戒法，不苟存身命，抗言拒之。霸怒，以刀斫贤二十余疮，闷绝躄地，霸去乃苏。”

智贤不毁戒法、不苟身命，抗言拒之，这是一种护道、护法的剧烈反抗。有时，这种反抗则表现为一种智慧的摆脱。卷三《慧绪尼传》载，当时齐豫章王萧嶷曾多方纠缠慧绪尼，几乎到了要挟持的地步，而慧绪尼以智慧巧与周旋，摆脱了官府的纠缠。

一部《比丘尼传》，不仅让我们看到了那个时代中国比丘尼的真实处境，感受到她们向道求法的热忱，也感受到她们在那样一个混沌混乱的朝代里挣扎、修持的困境。种种忧痛创伤，今日读来，仍然令人低徊不尽，成为那个时代比丘尼在风雨狂潮中的一部护教受难史！

参考书目

1. 影印宋碛砂本《大藏经》

2. 九华山藏明本《大藏经》 梁·僧祐撰

3.《出三藏记集》 梁·僧祐撰 《大正藏》第五十五册、二一四五号

4.《高僧传》 梁·慧皎撰 北京 中华书局 一九九二年 汤用彤校点本

5.《名僧传抄》 梁·宝唱撰 日僧宗性抄录 《续藏经》乙编第七套第一册

6.《续僧传》 唐·道宣撰 《大正藏》第五十册、二〇六〇号

7.《大宋僧史略》 宋·赞宁撰 《大正藏》第五十四册、二一二六号

8.《弘明集》 梁·僧祐撰 《四部丛刊初编·子部》

上海商务印书馆影印明刊本

9.《广弘明集》 唐·道宣撰 《四部丛刊初编·子部》 上海商务印书馆影印明刊本

10.《一切经音义》 唐·慧琳撰 上海古籍出版社 一九八六年

11.《开元释教录》 唐·智昇撰 《大正藏》第五十五册、二一五四号

12.《建康实录》 唐·许嵩撰 上海古籍出版社 一九八七年

13.《南朝梵刹志》 民国·陈作霖撰 《金陵琐志》五种本

14.《香艳丛书》 上海书店影印本 一九九一年

15.《晋书》 唐·房玄龄等撰 北京 中华书局 一九七四年

16.《南史》 唐·李延寿撰 北京 中华书局 一九七五年

17.《宋书》 梁·沈约撰 北京 中华书局 一九七四年

18.《梁书》 唐·姚思廉撰 北京 中华书局 一九七三年

19.《隋书》 唐·魏徵等撰 北京 中华书局 一九七三年

20.《旧唐书》 后晋·刘昫等撰　北京　中华书局　一九七五年

21.《新唐书》 宋·欧阳修、宋祁撰　北京　中华书局　一九七五年

22.《通志》 宋·郑樵撰　北京　中华书局　一九八七年

23.《通典》 唐·杜佑撰　北京　中华书局　一九八四年

24.《文献通考》《续文献通考》 元·马端临撰　上海　华东师范大学出版社　一九八五年

25.《郡斋读书志》 宋·晁公武撰 《四库全书·史部》

26.《中国佛教史》第二、第三卷　任继愈主编　北京　中国社会科学出版社　一九八五年、一九八八年

27.《周叔迦佛学论著集》上、下　北京　中华书局　一九九一年

28.《汤用彤学术论文集》 北京　中华书局　一九八三年

29.《汉魏两晋南北朝佛教史》 汤用彤撰　北京　中华书局　一九八三年

30.《汉魏两晋南北朝佛教》 郭朋撰　济南　齐鲁书社　一九八六年

31.《佛学研究十八篇》 梁启超撰　中华书局　一九三六年

32.《中国佛教史》 蒋维乔撰　商务印书馆　一九三五年

出版后记

星云大师说："我童年出家的栖霞寺里面，有一座庄严的藏经楼，楼上收藏佛经，楼下是法堂，平常如同圣地一般，戒备森严，不准亲近一步。后来好不容易有机缘进到藏经楼，见到那些经书，大都是木刻本，既没有分段也没有标点，有如天书，当然我是看不懂的。"大师忧心《大藏经》卷帙浩繁，又藏于深山宝刹，平常百姓只能望藏兴叹；藏海无边，文辞古朴，亦让人望文却步。在大师倡导主持下，集合两岸近百位学者，经五年之努力，终于编修了这部多层次、多角度、全面反映佛教文化的白话精华大藏经——《中国佛教经典宝藏》，将佛教深睿的奥义妙法通俗地再现今世，为现代人提供学佛求法的方便途径。

完整地引进《中国佛教经典宝藏》是我们的夙愿，

三年来，我们组织了简体字版的编审委员会，编订了详细精当的《编辑手册》，吸收了近二十年来佛学研究的新成果，对整套丛书重新编审编校。需要说明的是此次出版将丛书名更改为《中国佛学经典宝藏》。

佛曰：一旦起心动念，也就有了因果。三年的不懈努力，终于功德圆满。一百三十二册，精校精勘，美轮美奂。翰墨书香，融入经藏智慧；典雅庄严，裹沁着玄妙法门。我们相信，大师与经藏的智慧一定能普应于世，济助众生。

东方出版社